智元微库
OPEN MIND

成长也是一种美好

职场进阶的
60 个原则

从职员到百人团队领导者

朱明星　著

人民邮电出版社

北京

图书在版编目（CIP）数据

职场进阶的60个原则：从职员到百人团队领导者 /
朱明星著. -- 北京：人民邮电出版社，2022.9
ISBN 978-7-115-59371-9

Ⅰ．①职… Ⅱ．①朱… Ⅲ．①工作方法—通俗读物
Ⅳ．①C913.2-49

中国版本图书馆CIP数据核字(2022)第093287号

◆ 著　朱明星
责任编辑　陈素然
责任印制　周昇亮

◆人民邮电出版社出版发行　　北京市丰台区成寿寺路11号
邮编 100164　电子邮件 315@ptpress.com.cn
网址 https://www.ptpress.com.cn
天津千鹤文化传播有限公司印刷

◆开本：700×1000　1/16
印张：12.75　　　　　　　　　　　2022 年 9 月第 1 版
字数：280 千字　　　　　　　　　2022 年 9 月天津第 1 次印刷

定　价：59.80 元
读者服务热线：（010）81055522　印装质量热线：（010）81055316
反盗版热线：（010）81055315
广告经营许可证：京东市监广登字20170147号

自序

亲戚家孩子大学毕业，面临择业困惑，和我进行了很深入的交流。回答他的一个个问题和困惑，也让我对自己的职业生涯做了一次回顾。工作十余年，作为一个生性喜欢折腾的人，我积累了无数失败的教训。

在围棋中有个专业术语叫复盘，复盘被认为是围棋选手增长棋力最重要的方法，没有之一。下围棋是这样，我们在职场上的复盘同样如此。

目前大家所能看到的绝大部分分享都是职场上的成功人士的三年一个小台阶、五年一个大台阶、十年走上人生巅峰的故事。心理学上有一个有意思的现象，成功人士往往会将自己的成功归因于自己的努力，而忽略了运气和偶然因素在其中的作用。简言之，我们的记忆是会骗人的，会无意识地美化自己。因此看这些成功故事，对于真正提升职场技能的效果非常有限。

我们更需要一个在职场上不那么成功的人，来分享失败的教训以及避免失败的经验。而这对职场新人来说，才是最好的成功经验。也正是因为想通了这一点，作为职场上的"不成功人士"，我才鼓起勇气分享自己的故事，把工作十余年的经历做一个如实记录，希望看到的人不犯同样的错误，能够做得更好。

一度在全球规模最大、盈利最多的对冲基金——桥水基金的掌门人瑞·达利欧（Ray Dalio）在他的《原则》一书中将他自己描述为一个"专业的犯错者"。他口中的"专业的犯错者"不是指犯错数量多的人，而是指在每次犯错后，都能对错误进行系统、全面和理性反思的人。这个进程可以让我们把所有犯过的错误累积成经验，转化为原则。从这个角度说，失败到底是不是成功之母，取决于我们有没有成为"专业的犯错者"。如果我们没有成为"专业的犯错者",那么我们就只能获得感性、模糊和碎片化的经验,最后的结果大概率是"好了伤疤忘了疼",那么失败也只能是失败之母。

相信职场上的所有年轻人都希望自己的付出更有成效,因此我们要面对的问题是让努力可以积累,让积累可以迭代,由此不断精进。职场新人要学会如何学习,学会如何处理问题,形成一套自己的方法体系。只有这样,我们在遇到问题时才不会慌张,才能胸有成竹地处理"疑难杂症"。对于刚毕业的新入职员工,我们来举一个大家喜闻乐见的与考试有关的例子。

刚工作没几年的职场新人,如果选择在专业领域精进,最好的方法就是参加本专业的全国竞赛并拿到好名次,另外一个方法就是参加本专业的资格考试。比如,你工作几年后想去找一份电气设计类的工作,如果有一张注册电气工程师证书,无须多言,别人就会认可你在这方面的专业素养。这也是专业资格考试存在的意义,科学化、标准化的考试能让你的能力得到外部认可。

人生的选择有路径依赖,前一个选择会影响后一个选择。因为一个选择所带来的知识积累、专业视野和人际关系,都会形成个人的优势或劣势,从而影响个人的处境和之后的选择。

在从学生身份向社会身份过渡的每个重要阶段,不论是初中升高中、高中升大学,还是从大学进入社会,人们的知识量都是呈指数级增长的,所面对的选项也都在呈指数级增多。这种选项的逐步增多,既可能强化人们曾经的优势,也可能对冲人们曾经的优势,使选择的正确性变得随机和模糊。因此,人们总是希望从繁杂的现象中理出一条逻辑清晰的脉络和主线,以帮助自己做出决策。吸取他人的经验,优化自己的判断力,就可以让你对选项的分析更加深入。

说到这里,我忍不住要提醒你,我曾经认为考试是人生精进的最优路径,但工作后考试的重要性在某个阶段之后可能会大打折扣。不是说考试不重要,毕竟前面还提到全国竞赛的名次和职业资格证书会让一个人的能力得到外部的认可。只是，在不同的阶段，我们应该有不同的侧重点。在进入职场后的头几年，在还没有走上管理岗位时，参加全国竞赛、拿下职业资格证书可以让我们在一定程度上脱颖而出。但工作多年并走上管理岗位后，参加竞赛和考取职业资格证书恐怕就不会让我们获得上司认可了。在这个阶段，我们的重心应该放在带好团队、多出业绩上。正所谓，既要埋头拉车，也要抬头看路。具体为什么，相信阅读完本书，你会得出自己的结论。

我在本书各章节的案例中采用了朱九戒这个名字。这是刚进大学时我为自己取的网名。我写了一张小纸条贴在宿舍书桌前，写着戒烟酒、戒妄语、戒网游等九条希望自己能在大学时不去触碰的红线。尽管没有完全做到，但这确实让我对自己的行为进行了非常有效的规范。我后来还反思过为什么一张纸条能产生这么大的作用，应该是因为这个形式给了自己足够的心理暗示，而这种心理暗示起到了潜移默化的作用。这其实和本书中的形成自己的原则并写下来的方法有异曲同工之妙。

本书使用手册：制定自己的人生原则

全球知名的对冲基金桥水基金的创始人瑞·达利欧在他著名的《原则》一书中分享了他 42 年的生活和工作原则，内容涵盖为人处世和公司管理两大方面。这本书被无数人奉为经典，在美国曾经一度断货。大家究竟为何对这本书如此追捧？是因为作者给大家指出了一个方向，提供了一个具有可操作性的人生进阶工具。

瑞·达利欧认为，因为人具有动物性，很多时候人们会受动物性驱使，忽略对事实和真相的追求。比如，我们购物时可能并非出于理性需求，而是受情绪和某种满足感的驱动。我们经常在"6·18"和"双 11"时忍不住"买买买"，甚至买一些自己不需要的商品，这就是因为我们忽视了对自己是否真的需要这件商品的理性思考。

举个简单的例子，相信很多人都会有整理物品、冲动购物的烦恼，九戒也不例外。后来九戒给自己定了一个原则。

生活原则中的购物原则：除了维持最基本生活的必需品，坚决不买单价过于低廉的物品，并坚决将原有的不符合这一原则的物品清理出去。

其原因很简单，目前即使是九戒所在的十八线小城，装修后的房价也基本处于 15 000 元／平方米左右。那么如果购买低于这个价格的大件物品显然不划算，有了这个原则，在整理物品时九戒也有了基本的规则，低于这个价格的物品一律放弃，不需要再纠结，这极大地节省了心力。

我们在这里所说的原则，是指从一系列重复的或者相似的事情中提取的普适的判断和处理标准。有了原则，遇到事情时我们就知道怎么处理，这降低了决策成本、提高了行动效率、减少了结果失误。不然，每遇到一件事，我们都要重新思考、纠结半天，其后果是速度慢、时间成本高，而且结果还不稳定，容易受到不同环境和不同心态的影响。同一个人面对类似的事情时却做出不同的决策，这在外人看来是不成熟、不理智的表现，用职场上的话说就是不职业。通俗地说，你也可以把原则理解为生活和工作中的乘法口诀，在遇到 9 乘 9 之类的问题时，你不需要再自己费劲算一遍，直接把千锤百炼过的现成原则，也就是"乘法口诀"拿过来用就行。用达利欧的话说就是，如果写下你自己的工作和生活原则，然后把这些工作和生活原则转变成为一种算法，把这样的算法用于你的决策，这样做你就会非常强大。

也就是说，每当我们需要做决定时，我们就可以问自己：面对这种情况，我的原则是什么？如果面对这种情况没有相应的原则，那么我们应该做的不是立即做决定，而是先制定原则，再根据这个原则做决策。这样做的好处就是，在做决策时我们会充分思考，不会形成"拍脑袋"的决策。基于上面这些原因，形成一份自己的"人生原则"就非常重要了。那么接下来的问题就是如何形成切合自身实际情况的"人生原则"。

一般来说，普通人的教训来源有两大类：一类是从自身犯的错误中吸取教训，另一类是从他人犯的错误中吸取教训。对于后者，除了师长及家人的教诲，最重要的来源恐怕就是书本了。这个世界上有数以亿万计的书，假设你只挑其中 100 本来读，每一本摘抄 10 条有用的建议，这 100 本书就产生了 1000 条建议。对于这 1000 条建议，普通人恐怕连记都记不住，更不要说用于指导行动了。

所以，要先将这 1000 条建议进行大的分类。达利欧在《原则》一书中将各种建议分为两大类：生活原则和工作原则。新手容易犯的错误是，事前进行事无巨细的分类，比如关于读书、关于写作、关于工作、关于理财、关于创业、关于人际交往等，力求尽善尽美，这么做几乎注定失败。具有可操作性的方法是，先粗分类，总结出一条建议就把它放到相应的大类下面，关于某方面的建议条数多了（比如多于10 条时），就新建一个小类，同时要合并其中相同或相似的内容。提炼、提炼再提炼，总结出其中精华，这些内容就构成了你的"人生原则"。这些人生原则，是上千条建议的精华，而这上千条建议，可能来自几百本书、几百个人。

值得注意的是，原则不是一成不变的教条，因为世界在变，生活在变，你也在变，原则是让你在这个世界中更好地生存的指导，它也需要根据实际情况不断迭代。

在每周、每月、每年的总结中，你可以反思一下，目前的原则是否有效。如果你根据某条原则做事，出现错误或者没有达到预期，那就要反思这条原则是否有问题、有什么问题、该怎么修改。

如果说人生是一条长河，原则就是你过河时踩踏的石头，为了能顺利渡过这条河，我们就要"摸着石头过河"。在工作过程中，九戒也会对遇到的每一个问题、犯的每一个错误总结出相应的原则。读完这本书，你就会看到九戒这十年工作中总结出来的工作原则。

这里有一个九戒总结的关于制定原则的原则：不求完善（哪怕只有一条），先写下来，用起来。无数人感慨"知道了这么多道理，但依旧过不好这一生"，其根源就在于他们往往无法坚持自己最初定下的人生计划。

曾经有一个流传很广的健身法则——俯卧撑法则。

读中学时，杰森同学加入了学校的校足球队。众所周知，足球是一项很耗费体力的运动，需要有强壮的体魄来做后盾。为了提高自己的身体素质、增强耐力，杰森和他的队友每个人都写了一份健身计划。看得出来，大家雄心勃勃，给自己制订的计划都非常严密：每天跑步 10 千米、做 100 个引体向上、游泳 1 小时等。

当队友看到杰森的计划后，都大呼小叫开来。"一天 1 个俯卧撑！举 2 次杠铃！

跑步 100 米……天呐，你太懒了！"队友们嘲笑杰森："一年级的小孩都能闭着眼睛完成你的计划。"杰森也跟着笑，却并没有辩驳。第一个月，队友们劲头十足，都能按计划锻炼；到了第二个月，有超过一半的队友没有完成健身计划；半年过后，很多人早就忘记了当初制订的计划，即使是还在坚持的人也三天打鱼两天晒网，这时，队友们发现，全队只有杰森一个人依然在一丝不苟地执行计划。不仅如此，他的运动量已经比当初列出的计划增大了许多，但杰森却完成得游刃有余，似乎不费吹灰之力。

凭借着数年如一日的坚持，曾经"柔弱"的杰森拥有了强健的体格和健美的身姿。后来，他进入好莱坞当演员，塑造了一系列壮汉形象，深受观众喜爱，还获得全球健美杂志公布的"好莱坞最健美男星排行榜"的冠军。他就是英国著名演员杰森·斯坦森。

有人询问他的健身秘籍时，杰森·斯坦森提到了当年的事情，并笑着说："在一开始，千万不要给自己定下太大的计划，那样只会让你因为艰辛而难以坚持。不如一天只做一个俯卧撑，完成它很简单，简单到几乎不可能失败，如此便能长期坚持，然后在坚持的过程中循序渐进，进而养成一种习惯。健身就变成像吃饭喝水一样轻松的事情了。"

从心理学的角度来说，杰森的上述做法之所以能成功，是因为它避免了道德许可效应。所谓道德许可效应，实际上和盲目的自我感动比较类似。通俗地说，你完成一项自己觉得比较艰难的任务后，总会想以此为理由放纵自己，这就是典型的道德许可效应。你的目标是减肥，在节食三天后，决定奖励一下自己，于是你大吃大喝一顿，把前三天的成果全部破坏了；你立志好好学习，坚持每天看书两小时，连续一周后，你决定让自己放松一下，连续玩了一周，此时你已经完全忘却之前学习的内容，这让你备感沮丧，对学习这件事情失去了兴趣，陷入恶性循环。因此，一定要避免道德许可效应。

　　具体如何避免？这需要我们在设定任务时不要设立根本不可能完成的任务，比如"每周看书 7 天，每天看书 10 小时"这种只有超人才能完成的任务。我们可以设置"每天做 1 个俯卧撑"这种自己能够轻松完成的微量计划，降低要求，在最大限度上减少执行计划的阻力，解决万事开头难的问题，积累自信，从而形成正向循环。等到我们将计划坚持执行下来，便会有令人惊讶的收获。

　　我们要时刻记住，无论生活还是学习，都像跑马拉松，不在乎一时跑得有多快，关键在于一直跑下去。只有这样，我们才能在人生的道路上不断精进，成为更好的自己。

　　所以，对大家来说真正重要的是，排除干扰，从最简单的一条生活原则、一条工作原则写起，并把这个原则背后的推理过程写下来，然后在实践中总结经验教训，持续地迭代修订，不断完善自己的原则，将之作为自己的行动指南，过上无数卓越人士推崇的"以原则为基础的人生"。

　　最后总结一下，我们在历经错误、付出代价后形成的"人生原则"是人生经验的精华提炼，是指导每天的决策与行动的指南。只有设定好原则，并一以贯之地执行，我们才能不断接近想去的地方，即便没有到达，我们也一定会比别人更接近它。

目录

第6章

从部门负责人到企业负责人（上）　叩开高阶管理的大门

第7章

从部门负责人到企业负责人（下）　从量变到质变

第 8 章
打造能自发生长的管理体系

第 1 章
职业选择与规划
用科学方法指导决策

1.1

职业选择：去国企、私企还是外企

选择题：大学毕业面临职业选择时，作为没有特殊资源的普通家庭的普通青年，朱九戒究竟是应该选择国企、私企还是外企呢？

A. 选国企，因为国企稳定。

B. 选外企，外企薪酬待遇更高，而且更锻炼能力。

C. 还是听爸妈的吧。

D. 问问师兄，看他们怎么选的，参考一下他们的意见，再自己做决定。

走进职场后，我们首先要意识到，和学生时代的考试不同，职场中的很多问题没有标准答案。我在工作很多年后才意识到这一点，希望看到这段文字的你在工作的第一天就能意识到。

我们自身的选择与所处的环境息息相关，与个体的价值观息息相关，与我们未来想成为什么样的人、想做什么样的事息息相关。

想得出适合自己的答案，我们需要用一个可操作的方法对这些问题进行量化评估；如果仅仅进行感性讨论，结论会存在许多不理性的地方，也不具备可推广的价值。

以上述职业选择为例，我们可以采用表格和清单的形式列出自己的工作、生活目标，对照国企、私企和外企对不同目标的影响，对清单中的各项进行量化评分（见表 1-1）。

表 1-1 某专业领域的职业选择量化评分表格 [①]

分类	稳定性	工作压力	能力提升	薪酬待遇	得分
权重系数	1.2	1.1	1.2	1.0	—
国企	10	10	6	5	35.2
私企	5	6	8	7	29.2
外企	6	5	10	10	34.7

注: 得分越高, 稳定性越高, 压力数值越小, 对能力提升越有帮助, 薪酬越高。

从上面这个例子可以看出, 对于类似的选择, 我们可以罗列影响选择的不同因素, 对这些因素进行评价, 还可以赋予其相应的权重系数, 比如我们认为工作的稳定性是最重要的, 那就可以赋予其较高的权重系数; 如果我们认为薪酬待遇相对不那么重要, 就可以赋予其较低的权重系数。最后对统计出各选项的得分进行比较。

除了选择职业, 我们还要选择工作地点。同样, 考虑工作地点也需要对相关的因素进行罗列, 比如城市的发展、个人所在行业与城市发展的关联程度、家乡资源等。再比较不同工作地点对这些因素的影响, 同时明确我们最看重的因素是什么, 赋予相应的权重, 然后打分和统计。

回到开头的题目, 大家会说: "这个题目出得不好, 既然是选择题, 怎么没有标准答案? " 这就是走向社会的第一课, 很多问题都没有标准答案, 只有最适合当前选择的答案。

作为成年人, 尤其是职场上的成年人, 简单地判断一件事情是对是错, 是懒惰和不愿意思考的表现, 也不是一个成年人该有的态度。

并且, 一旦做出选择, 我们就不要再纠结。在做出选择之前, 我们可以反复权衡, 但如果已经做出选择, 在短期内就不要纠结。这种纠结只会无谓地增加心理负担, 除此之外别无益处。这里说的短期是以 3 年为一个小周期。之所以以 3 年为限,

---

① 所有打分都基于个人的判断和权衡, 没有绝对统一的标准。

是因为只有经历 2 ~ 3 年，一个普通的大学毕业生才能在所属的岗位和行业积累一些最基础的知识储备和人际关系，这时才能有相对充足的信息来做出判断。如果时间太短，比如连 1 年都不到，你就给这份工作"判死刑"，是对自己已经付出的时间和精力的不负责任。

1.2

职业生涯规划：成为专家型人才还是管理型人才

选择题：朱九戒大学毕业后，进了国家能源公司旗下的市级能源供应公司。在入职培训中，人力资源部的主管就介绍了在企业中目前有两个职业发展体系：一个是管理体系，就是我们传统理解上的管理；另一个是专家人才体系，通过专业上的精进，评选市级、省级乃至国家级的专家人才。两种体系各有对应的晋升路线，现在问题摆在了职场新手朱九戒的面前，该选哪一条路线？

A. 选传统管理体系的发展路线，这条路线肯定好啊，不然为什么大家都想升职呢？

B. 选择专家人才体系的发展路线，把技术磨炼好，万事不求人。

C. 先干两年再说，首先把技术磨炼好，以后的事儿谁知道呢？

D. 去找上司谈谈，听听他的建议。

绝大多数人可能只有一种选择，极少数人可以同时推进两种选择。目前有些公司有"358"的管理说法，也就是硕士工作满 3 年才能竞聘管理岗位，本科需要 5 年，专科需要 8 年，此处的管理岗位主要是部门专责^①和班组长一类的岗位。

对于我们绝大多数人来说，选择哪一种发展路线是在职业生涯开端就需要认真考虑的问题。但我建议，不要急着给自己设限，在职业生涯的初期可以尝试更多的选择。在职业生涯的前几年，岗位变动会非常大，其他部门缺人了，你可能会被直接调过去，你之前的一些设想可能就会完全被推翻。所以在职业生涯初期，较好的选择是，认真完成上司布置的工作，竭尽全力做到最好。在我入职的头两年，一位比我早一年进公司的师兄对我说过一句话："上司布置给你的工作，你要用 120% 的努力去完成。"我当时也仅仅是听听，直到几年之后，他成了一家规模上千人的单位中最年轻的管理专责、最年轻的中层干部时，我才开始认真思考他说过的这句话。我后来一直和这位师兄保持着非常好的关系，无论是在工作上还是在生活上。因为肯把自己的内心感悟毫无保留地说给师弟听，这样的人值得一生交往。

你可以在工作 3 年后，再结合自己的专长和兴趣，明确以管理还是以技术作为职业发展路线。如果你自己觉得二者皆可，没有明确的好恶，那么你可以再问自己一个问题：在这份职业中，你更在乎的是什么，是薪酬还是个人自我实现？如果是前者，你可以比较一下技术人员和管理人员做到中高层之后的薪酬待遇水平；如果是后者，你可以找个机会请教一下本单位内在技术上做到顶尖的人，听听他们的建议。

如果你真的对技术痴迷，可以考虑在某一个岗位上扎下根，坚持 10 年、20 年，做到全市、全省、全国范围内行业最顶尖的位置。但这需要一个人有足够的耐心和毅力，还需要经受得起形形色色的诱惑。另外需要提醒的是，千万不要为了躲避管理晋升中的激烈竞争而选择技术晋升路线。因为就目前的情况来说，技术路线的晋升难度其实更大。以一个全国性的大企业为例，在千人规模的市级分公司内，所有

---

① 部门骨干。——编者注

专业的省级专家只有 10 人左右。所以千万不要因为自己不擅长社交、管理，而被动地选择另外一条职业道路。

在当前技术爆炸环境下，选择职业要充分考虑 10 ～ 20 年内人工智能在所在行业的应用，你目前所选择的岗位是否会被机器取代。一般来说，如果工作岗位符合以下特征，这个岗位被机器取代的可能性就非常大：一是无须动脑，只需要大量重复劳动的工作；二是不需要天赋，通过训练就能掌握这个岗位所需技能的工作。

需要提醒所有人注意的是，即使靠专业吃饭，做人也是你一辈子的事业，甚至毫不夸张地说，做人是一个社会人的第一事业。

认真对待社会关系，一辈子做好人、会做人，对真实的自己、对别人，都有重要的价值。

我们来回答本书开头的问题。我不建议你立即就给自己的职业路线下结论。你要先把手头的工作做好、做精，待积累一定的资源和见识后，再做决定。

1.3

幸存者偏差：双盲实验和大数据，防止逻辑谬误

选择题：朱九戒刚入职场，他向师兄们了解职场中的晋升和其他情况，你觉得以下哪种情况最接近公司真实的情况？

A. "待遇说不上好，最近还要降薪。"——根据各地情况，以及专业、岗位等，待遇有所不同，不过总体来说还是不错的，至少收入水平在当地算中等偏上，否则也没人愿意留下来了。降薪的传闻一直有，但我的薪水一直没降。

说不好未来会怎么样。

B. "工作和生活不太规律。"——还是要看岗位。另外，如果想进步，总会有上司让你"克服一下困难"，在哪个岗位都会生活不规律。

C. "进入这个全国性的企业，门槛是否高，待遇究竟如何？升职空间怎样？"——现在门槛非常高，有关系的不谈，没关系、没背景的最好是985高校研究生才比较有把握，公司比较偏爱"电气工程及其自动化专业"或其他电气专业的毕业生，也招建筑、法律、财会等专业的学生，但非常少。就升职而言，别指望"干得好，升得快"，背景、资历、和上司的配合度、能力、奖项等都要考虑到。

D. 提拔的人全是关系户，家里有关系的，在基层待了几年就被调到机关，然后排了几年队，就顺理成章被提拔了。没关系的，就在基层趴着吧。

幸存者偏差（Survivorship Bias），也有学者将其翻译为"生存者偏差"或"存活者偏差"，是指一种常见的逻辑谬误。注意，是"谬误"不是"偏差"。这个被驳斥的逻辑谬误是只能看到经过某种经筛选而得到的结果，而没有意识到筛选的过程，因此忽略了被筛选掉的关键信息。通俗地说，当取得信息的渠道仅来自幸存者时，我们得到的信息可能会与实际情况大相径庭。这个概念因为使用广泛，在使用的过程中也有很多别名，比如"沉默的数据""死人不会说话"等。

在我们的日常生活中，最明显的例子就是"我认识某人患这种病吃了这个药立马好了"。不管这个事例如何千真万确，都不能推导出"其他患这种病的人吃这个药也有用"的结论。

如何应对呢？最好的方法当然是让更多人说话。例如，常被用在药物临床试验上的"双盲实验"就是应对"幸存者偏差"的良方，老祖宗说的"兼听则明"也是一样的道理。只有全面系统地收集、分析数据才能克服此类偏差，丢掉对个案的盲从。

第二次世界大战期间，为减少盟军轰炸机在敌人防空炮火中的损失，军方决定为这些飞机加装装甲板。一名科学家奉命解决防弹装甲板安装位置这个可能决定无数飞行员生死的问题。

为了找出最有效的位置，科学家画了一张轰炸机草图，每天把返航的轰炸机上的弹孔数量和位置相应地标记在草图上。很快，这张草图上的轰炸机就被弹孔标记覆盖了，仅有几个地方例外。那么问题来了，如果你来给出建议，你觉得应该把装甲板安装在弹孔多的地方还是没有弹孔的地方？

科学家给出的建议是，将所有草图上没有弹孔的地方装上装甲板，理由是，这些地方中弹的飞机一架也没有回来。

至于中弹的位置，请参考图 1-1。

该图来自统计学家霍华德·魏纳（Howard Wainer）发表于 1999 年的论文《最危险的职业：关于非抽样误差的说明》（*The Most Dangerous Profession: A Note on Nonsampling Error*）。

超级畅销书作者纳西姆·尼古拉斯·塔勒布（Nassim Nicholas Taleb）在其广为流传的《黑天鹅》一书中还举了一个例子。

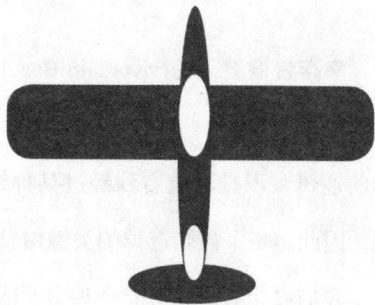

图 1-1   飞机中弹位置示意图

注：该图阴影部分指示了返航轰炸机的中弹位置。

2000 多年前，罗马雄辩家、文学作家、思想家、阴谋政治家西塞罗讲了下面这个故事。一幅油画上画着一群正在虔诚祈祷的信徒，这些信徒在随后的沉船大灾难中幸存了下来，其寓意是证明虔诚祈祷能保佑人们在灾难中存活下来。有人把这幅油画给一位无神论者看，此人问道："那些祈祷后被淹死的人的画像在哪儿？"

我们经常在网络上看到很多基层员工"吐槽"企业管理，"吐槽"上司的无能，"吐槽"裙带关系的盛行。

我也一度这么认为，尤其在工作 5 年后职场受挫时，我把这些都当成自己失败的理由。但和我同一批进公司的员工都发展得那么好，我对这些人知根知底，他们确实能力非凡。面对铁一般的事实，我实在没办法睁眼说瞎话欺骗自己。客观地说，裙带关系是存在的，但是随着大批统一招聘的大学生入职，关系的价值越来越被弱化了。用一个不恰当的比喻，就是在每年被顶级名校录取的学生中，总有一些人是通过其他渠道进入的，但是这些人的存在绝对不是你考不上顶级名校的理由。同样，在职场上失败的原因不是裙带关系盛行，而是自己不行。

如果你是个有心人，就会观察到一大批在管理岗位上的年轻管理者并没有所谓的"关系"和"背景"；你还可以看到一些专业不对口的人，也走上了专业管理的岗位。他们的专业性让你在和他们交流的过程中疑惑自己是不是读了一所"假大学"。也就是说在全国性的大型企业工作，你的专业、你的毕业院校、你的籍贯都不重要，这里在乎的是你真正的能力。这里的能力，从生产岗位的角度来说，是解决实际问题、维护好设备的能力。说到这里也一定会有工作两三年的员工不服气，跳出来反驳。在反驳之前我们可以做一项统计，让数据来说话。大家可以观察一下自己身边近十年升职的由普通班组长和专责提拔为中层干部的领导者，统计一下他们的学历、籍贯、专业，相信质疑的人会得出一个比较客观的结论。

另外值得提醒的是，有些一线部门的员工会在特定的体制背景下成长较快，但这绝对不能成为一个人安于现状的托词。10 年前，进入某个全国性大型企业的专业对口的大学生可能比较少，那么一些文字性的工作和一些技术创新性的工作也会相应地被分配给他们。而有些人只看到了分配到这些部门的人成长较快，却忽略了他们在成长过程中的加倍努力和艰辛。

只有想明白了这些，你才能静下心来规划自己未来的道路。作为一个失败者，我在工作 5 年之后才想明白这些道理。在此之前我内心充满了抱怨，把一切归结为部门不好，上司不重视，我甚至想走出这个公司。经历了一个又一个的失败，我才不再多想，转而踏实工作。

另外一个与外界传统印象不同的是，在这个庞大的全国性企业内，十多年来我时刻能感觉到它在不断地变革。从机构设置到班组调整，从工分制考核到薪档动态积分，这个体量庞大的巨无霸企业在不停地进行自我迭代和优化。没错，它是存在着一些不尽如人意之处，但即使是身在这个公司内的内心充满各种不满的人也不能否认，这个庞大的企业在用比我们想象中更快的速度，向着更科学、更高效的方向进化。

我们来回答本节开头的问题。4 个选项都不是真实的公司面貌，都有一叶障目的嫌疑。实际情况如何，需要我们像小马过河一样自己去感受才清楚。很多负面评价的产生，其实是因为幸存者偏差这种效应作祟，值得我们警惕，避免被这些评价误导自己的选择，甚至改变自己的职业态度和职业规划，影响前途。

生活原则中的行动原则：任何选择和判断都必须亲自实践，不能仅凭他人的经验做出选择，即使这个人是你特别信任的人。

对于一些自己确实无法实践还必须做出判断的事情，要充分利用双盲实验和大数据分析来进行科学决策。

第 2 章

从个人贡献者起步

练好职场基本功

2.1

警惕路径依赖：在员工培训中要不要争当班组长

选择题：选定了工作单位，来到了新的公司，公司组织全省所有新入职员工一起培训，规模比较大。培训员工被分成十多个班，因此也需要选拔班组长。新入职的你是否应该争取成为班组长呢？

A. 还是做个佛系的培训少年吧，刚毕业，挺累的，休息休息再说。

B. 当然要去争取，上司都看着呢。

C. 这个无所谓吧，争不争取也没什么太大区别，毕竟培训只有一两个月，反正结束后也会回各自的部门。

美国著名经济学家道格拉斯·诺斯（Douglass North）曾经提出一个观点：人们一旦做了某种选择，惯性的力量会使其不由自主地不断自我强化自己的选择。这个观点后来被大家总结为"路径依赖"。道格拉斯认为，生活中的"路径依赖"就像物理学中的惯性一样，人们在过去做出的选择，很大程度上决定了他们现在及未来的选择。也就是说，人们很难摆脱以前的经验和习惯。

在 IMDb[①] 长期排名第一的电影《肖申克的救赎》里，"路径依赖"被比喻为监狱：刚入监狱时，囚犯总想走出去，但待久了，就再也离不开监狱了。因此很多服役期满出狱的人，都因为难以适应外面的社会，不知道何去何从。

---

① 互联网电影资料库，是一家电影评分网站。

职场"学前班"，争当培训班班长

通常，但凡是上规模的企业，在新员工入职之后，都要开展新员工培训。对初入职场的新人来说，这是"学前班"。此时，竞争已经开始。我对近 10 年来入职我所在公司的新员工做过一项粗略的统计，培训期间的优秀学员，后期发展普遍较快。原因很简单，获得了优秀学员，可以说一进单位就获得了一个正面标签，在后期的工作中，即使和别人付出类似的努力，也会不断强化这个正面标签，因此更容易脱颖而出。

那么现在要面对的问题就是，如何在新员工培训期间就脱颖而出？答案是，担任培训班的班干部，最好是班长，在培训结束时获得优秀学员、优秀干部的荣誉。

思路一：与班主任充分沟通。这个方法的好处在于，它能让你更快地融入这个复杂的真实社会。坏处在于，一旦尝到这个甜头，你就有可能会产生"路径依赖"，面对以后的任何工作，你都可能会想直接走捷径，这可能会制约你的长远发展。

你要警惕"路径依赖"，尤其是职场上的"路径依赖"。

孔子曾说："少成若天性，习贯①如自然。"我们每个人都有自己独特的思维模式，这种模式在很大程度上会决定你未来的人生道路。如果我们要减少"路径依赖"的负面效应，在最开始的时候就要找准方向。做好你的第一次选择，你就设定了自己的人生。

在职业生涯中，绝大多数人都难以摆脱"路径依赖"。一个原先学法律的人，后来也一直在做法律方面的事情；一个之前做媒体的人，后来的很多处事方式还是

---

① 此处现多写为"习惯"，但根据上海古籍出版社出版的《资治通鉴：附考异》和中华书局出版的《资治通鉴》，此处应为"习贯"。——编者注

做媒体时的那一套。

有时候，重新选择的机会成本太大，或者能够选择的时间很短，人往往会用最习惯的方式做事，尽管这不一定是最优选择。

很多人认为，这种模式的基础往往早在我们的童年时代就定型了。尽管从科学的角度来说，这种僵化的思维模式实际上是错误的，但不可否认，很少有人能够改变这种旧有的思维定式。也就是说，这些规定是可以改变的，但改变起来非常困难，就像有人能够成功戒烟一样，只是成功的人太少了。

思路二：表达为班集体服务的意愿，最好拿出书面的具体方案和思路。

此处提供一个实操案例。在确定培训的时间和地点之后，你要第一时间拿到班主任的联系方式。请注意，是第一时间，而不是在班主任已经进入班级和大家见面并向大家公布联系电话的时候。你可以通过负责接待的老师，或者通过求助以前的师兄，或者通过本单位带队的上级来实现这个目标。至少你要比其他同学提前拿到班主任的联系电话。拿到联系电话之后，你要尽快在非休息时间和班主任老师进行联系，建议先发短信或加微信，表达自己为班集体服务的意愿；再当面拜访老师，拜访老师时最好能够拿出一些服务好班集体的具体方案，比如集体活动方案、考勤方案等。你的核心思路应该在于帮助老师节省时间，帮助老师处理一些基础性工作，比如统计成员的信息、特长爱好等。

可能有人问："就这么简单吗？"这是我的亲身经历，做完之后，老师在第一次和同学见面后，先进行了简单的分组团队建设，然后就直接指定我为班长了。

2.2

光环效应：到新部门的第一天该怎么穿

选择题：经过培训，朱九戒又回到公司，大家被人力资源部分到了各个部门，大显身手的时候终于到了。到新部门的第一天，你该怎么穿呢？

A. 当然是西装革履，以最严肃的态度来面对到新部门新岗位的第一天。

B. 穿普通旧夹克就行了，穿得太高调、太正式，也不太好吧。

C. 没太多讲究，平时怎么穿就怎么穿呗。毕竟工作要看你的业绩，而不是看你怎么穿。

D. 随大流吧，提前观察一下别的同事怎么穿。

如何给上司和同事留下好的第一印象

好的第一印象在于着装。"人靠衣装"古已有之，在刚接触时，着装和相貌是使人产生印象的"起手牌"。言谈也是建立良好第一印象的重要因素，其中礼貌是最基本的要求。不要进行明显的开地图炮之类的粗放表达，因为这类话在不知不觉间就可能无意间得罪很多人。最后还有一个进阶要求，就是你要能察言观色，比如，在有人明显情绪低落的时候，你却抖机灵、开怀大笑，这就会引起他人的不适。

美国著名心理学家、心理学行为主义的代表人物爱德华·李·桑代克（Edward

Lee Thorndike）在一百多年前发现了一个心理学效应——光环效应。光环效应是指，如果一个人的某一方面（比如相貌、年龄、社会经济地位）使他人形成了正面或负面的印象，那么这个印象将"普照"其他方面，影响他人对其的总体印象。有数百项研究证明，人们会自动认为漂亮的人更可爱、更聪明。统计学上的数据也表明，有魅力的人更容易在事业上获得成功。光环效应在学校里表现得最为明显：很多教师都会本能地认为成绩好的学生在其他方面同样优秀。同样，在职场上，如果一个人穿着整洁、声音动听、举止大方得体，那他通常会给人留下好的印象，使别人在不知不觉中对他的品质、性格等也给予较高的评价。

有了良好的第一印象，接下来如果你想获得更高层次的认可，得体的着装和礼貌的言谈还远远不够。

第一印象是以仪容仪表、言谈举止为素材形成的，带有较多的情绪色彩。受其影响，人们会喜欢或不喜欢与对方交往，但不能明确地说出对方"是什么人"。光环效应是在与对方交往一段时间后，因了解对方的某一特别突出的品质并据此进行"故事化"的推理而产生的，在认知方面要比第一印象更有深度。

因此，你要给自己打造一个标签，比如你运用 Excel 的水平特别高，能轻松搞定同事遇到的关于表格的问题，无论简单地调节格式，还是用函数完成一些复杂的筛选匹配工作，甚至是使用 VBA[①] 自动化完成大量的重复工作等。如果你能做到这些，相信你一定会快速在新单位打开局面，老员工们包括上司都会对你有一个不错的评价。

积极参加团组织的活动

在企业中，年轻人最容易加入的组织或天然就属于的组织，就是团组织。不得

---

① 　一种广泛应用于 Office 办公软件中的轻量编程语言。

不承认，很多大学的团组织是相对弱化的，学生的自由度非常高。但进入职场后，如果到了企事业单位，团组织的作用，尤其是对年轻人的作用，是非常大的。你会观察到，在企事业单位，最年轻的领导者大部分都是团组织的领导者。团组织也是你认识不同届其他员工非常好的平台。比如，在团组织组织的活动中，一群年轻人一整天待在一起，自然会由陌生到熟悉，由熟人成为好朋友。这个过程中或许还会产生爱情故事。团组织每年都会组织一些全公司范围的活动，在这些活动上露脸也会让更多包括上司在内的人认识你。很多时候，也许一个偶然的机会就会让你脱颖而出。无论从交友，还是从成长的角度来说，你都应该积极参加团组织的活动。

如何积极融入新的团队

做出更积极的举动，会加速你融入集体的进程，也会让你给他人留下更好的印象。而且无论是什么性质的企业，都会欢迎热情而有礼貌的新人。因此，建议你充分发挥自己的优势，比如熟悉电脑、熟悉手机操作的你可以给一些老员工解决一些工作、生活中的问题。有了这些善意的点点滴滴，会有更多的人更快地对你友好起来。

作为新员工，你千万不要怕犯错，因为犯错意味着成长。在某种意义上，犯错有时反而会起到意想不到的效果。

有个客人带孩子去酒店度假，他们想打网球时却发现酒店的球拍已经被人占用。酒店经理马上派员工开车去买了两个新球拍，20 分钟内就送到客人手上。后来，这个客人告诉经理，因为打球这件事，他下次度假时还会订这家酒店。你看，如果酒店想得很周到，提前预备备用的球拍，问题就不会发生了，但如果提供了备用球拍，客人就不会因为酒店特意派人去买球拍而产生额外的好感，提升对酒店的满意度了。

从这个故事可以看出，有时及时改正错误比不犯错效果更好。所以作为新员工，不要过于担心犯错，及时改正错误，有可能会得到更高的评价。

我们来回答本节开头的问题。最稳妥的方式是提前观察一下单位的其他同事的穿着，向他们的穿衣风格靠拢。因为人是群居动物，对与他们穿着打扮差异非常大的人可能会天然地抱有敌意。所以在穿衣风格这种事情上，与他们保持一致是最安全的做法。

2.3

找准突破口：一步领先，步步领先

选择题：朱九戒入职几个月了，单位里的人都挺和气的，至少表面如此，大家也都在认真完成工作。现在朱九戒的困惑在于，如何找到工作的突破口，让上司注意自己。他有以下几种选择，你认为哪一种最合适？

A. 低调一点，刚入职没多长时间，这时候最重要的是低调。

B. 结合自己的长处（比如写通讯报道），把工作做好，至少要比其他同事做得好。

C. 还是去征求一下上司的意见，听听他怎么说。

在一个特定领域内，只比周围人领先一步并坚持下去，你就会在后续过程中获得比别人更快的加速度，与他人的距离会越来越远。

著名的知识型创业公司得到 App 的 CEO 脱不花女士分享过一个自己的故事，

为保持故事的原汁原味，下文使用第一人称来讲述。

在我还是一只"菜鸟"的时候，曾经被"发配"到远远的一个大客户那里常驻服务。那家公司里有位神一样的传奇人物。我记得很清楚，当年她才36岁，已经做到SVP（高级副总裁），工科女，技术人员出身，做了7年营销总监。我认识她的时候她正在调整分工，接管大供应链系统。

她并不漂亮，但看起来很顺眼，朴素得"令人发指"，一年四季永远用各式白衬衫配不同颜色的西装裙、低跟鞋。她并不特别强势或者犀利，也没有特殊的亲和力或幽默感，就是挺自然平常的一个人。没人特别怕她，但是人人都知道她对工作水准有要求。在那里，包括董事会的大老板在内都这么评价她：就没有她做不成的事！

面对我好奇的八卦，她手下的一个男生带着哭腔跟我这样描述她："每天早上我都准时上班，但是，我总会发现我的办公桌上贴着一两张她留给我的便签，有时候是强调某个工作的要点，有时候是表扬或批评。我从来不知道她是什么时候留下的这些便签，但是当我在公司里第一次升职时，我内心的第一反应就是感谢她，我觉得她在我身上花了很多心血！而且，她在便签上安排的事，我都会第一时间去做，因为我很感谢她给我留了面子，没有当众或当面批评我，但是又及时指导了我怎样做是对的。她一直很关照我！"

为这家企业工作两年后，我发现了她的秘密：除非出差，她永远每天比公司其他人早到办公室至少30分钟，即使她当天上午在外面有公务，她也会先到公司，然后再离开。她就是利用这30分钟时间给其他人写便签的，速度飞快。在这个时代，她用的不是邮件，也不是短信，而是便签！便签印着一个她的漫画笑脸，帅极了。

特别是冬天的早晨，当所有人从通勤大潮中挣扎出来、狼狈不堪地带着各种起床气赶到公司时，她的办公室总是开着门、亮着灯，她穿着白衬衫，一副气定神闲的样子在喝咖啡、看材料。那幅场景，令人心生安宁。

久而久之，连大老板也养成了习惯，一到公司总是先路过她的办公室碰个头，然后才回自己的房间。

她一直是我暗自敬仰的女人，因为不见她高声大嗓，但自有一番气度稳住全场。当时还没有"女王范儿"这个说法，但是当我第一次听到这个形容词时，脑海里第一个浮现的还是她在冬天的早晨穿着白衬衫看材料的样子。

10 年之后，我终于成为主管这个客户的合伙人，正巧她刚刚在外界瞩目中当选新一任董事长。我给她写了一封信，回忆了 10 年来她对一个"菜鸟"的影响。她很快亲笔回了一封简短的信，蓝色带漫画头像的私人信纸，里面有一句话，让我永难忘怀："商业是一个与不确定性共舞的游戏，让我们努力去做其中最确定的因子。"

也许是阅历渐多，我对她的行为方式也有了些感同身受的分析。在从办公室女生到办公室女王的修炼过程中，最重要的就是营造一种上上下下对自己的"信任度"。而信任度正来自她所说的这种"确定性"：工作方式有准备度，启动总比其他人早一步，时间管理更加自主；个人形象有识别度，给人留下始终如一的稳定印象，最大限度地淡化个人色彩但形成强烈差异化；沟通界面有可控度——这一点对于"手握生杀大权"的老板特别重要，也恰恰是很多女生野心勃勃求上进的时候最容易忽略的，你要让大老板觉得，你永远都在那里，你的状态永远都可控。当老板真的这样想时，恰恰是你暗暗掌握自己命运的转折点之时。至于蓝色便签，则是她的一个重要技巧，她通过这种方式让每个下属都觉得似乎与她之间有一种私密的联结感，形成一种不是师徒胜似师徒的情感纽带。

从上面这个故事可以很清晰地看出，积累点滴优势可以让我们形成别人无法跨越的鸿沟。为什么会出现这种情况呢？这是因为职场中，尤其是在人员流动性相对较弱的企业内，更容易由小小的积累带来影响力上的提升。而且有意思的是，这种影响力会跨越部门、跨越层级。如果你在单位内有一个好的声誉，这种声誉的传播不仅指向未来，还会带来自我激励，让你充满干劲。如果你和我一样，在工作多年之后才意识到要积累点滴优势，不要急，不要觉得晚了。一碗著名的"鸡汤"是这样说的：种一棵树最好的时间是 10 年前，其次是现在。

除了这个现代的故事，咱们的老祖宗其实也给我们做出过非常经典的、教科书级的示范，告诉我们如何打造个人的品牌。

东汉名医董奉可能是历史上少有的会营销自己的人之一。董奉年轻时做过官，行医只是他的业余爱好，所以看病从不要钱，只让痊愈的患者在自己家门前种植杏树，时间长了就成了一大片杏林。别人来买杏林结出的果子时他也不要钱，让人拿粮食来换，他在路边设立粥铺，免费请路过的旅客喝粥。董奉没有任何医学专著流传下来，却是中国古代的名医，还留下一个典故：杏林春暖。这一番操作甚至可以被列入人类历史上经典营销案例集。

基于此，我们的策略就非常明确了，在一个特定领域内拼尽全力比周围人领先一步，打造高辨识度的个人品牌，然后坚持，最后等待命运的眷顾。

回到本节开头的问题。我们需要观察一下，单位上司最在意哪方面的工作，比如他对企业形象特别重视，你所在的部门又是"窗口"部门，那么这个时候，你就需要认真去做能够展示单位和部门形象的工作，比如写通讯报道。你要把这些工作做好，而且要比其他人做得都好，相信你很快就能脱颖而出。

2.4

不合理现象：别用常识理解复杂的职场

选择题：朱九戒入职有一年了，认真观察，勤于思考，发现了工作中很多不合理的现象，为了让自己的观察更完善，还在私下和几个老员工探讨过。九戒觉得作为企业的一员，有责任把这些情况说出来，如果你是九戒，你该怎么做？

A. 企业是我家，要有主人翁精神，把这些情况写下来，直接发给总经理。

B. 把这些情况写下来，先发给部门主任，要是主任不回复，再发给总经理。

C. 低调，多一事不如少一事，还是不说了吧。

D. 存在的就是合理的，再看看吧，先不说。

进入职场，就应该做一个专业人士，要用专业化思维来思考问题。

关于这一点，有一个真实的故事。

一位数学博士和女友一起去买西瓜。卖西瓜的人不用秤，10 元可以买 1 个大西瓜或 3 个小西瓜。小西瓜直径有大西瓜的 1/2 ~ 2/3，绝大部分人都选择小西瓜，女友也去选小西瓜，数学博士马上叫住她："挑大的！"

女友问："为什么？"博士说："西瓜吃的是瓜瓤，是体积，即便最大的小西瓜（大西瓜的 2/3）的体积算下来也不到大西瓜的 1/3（8/27），所以挑大的……"

这个故事告诉我们，要养成专业的思维习惯。深入的科学思维有可能让你摆脱直觉，做出正确的选择。

作为新时代的工作者，你更应该认真分析数据、用好数据。尤其随着当前物联网的推广，分析数据成了每一位员工的基本功。有了这个基本功，你就抓住了时代的脉搏，也可以实现弯道超车。因为在这个赛道上，即使是有 20 年工作经验的老师傅，也是和你在同一起跑线上的。

回到本节开头的问题。

无论在国企还是私企、外企里，从来不缺想法，缺的是能解决现有实际问题的操作步骤。职场新人，还没有完全理解公司及整个行业的运行规律，就贸然提出各种建议和意见，有纸上谈兵的嫌疑。公司管理者需要引导的风气是实干的而不是空想的，所以管理者不应提倡这种行为。因此，我对职场新人的忠告是，别用常识理解复杂的职场，不要把学生时代的思维带入职场。

2.5

地位效应：等有了职位，再提建议

选择题：朱九戒进入职场已经好几年了，在一次工作中，他遇到了自己的意见和上司意见不一致的情况，经过深思熟虑，他觉得上司的想法不太全面。他现在不知道怎么做才好，如果你是他的好朋友，你会给他提什么样的建议？

A. 选择闭嘴。自己还有很多事情不了解，此时提出的意见很可能并不具备参考价值。这是最安全的选择，职场上安全是第一位的。

B. 大胆进谏。现在企业都喜欢有冲劲的员工，尤其是年轻人，上司肯定不喜欢死气沉沉的员工。

C. 看情况，如果上司心情好，可以艺术地说几句，而且要选择没人的时候；如果上司心情不好，那就缓一缓再说。

D. 找一个和上司关系不错的员工，先跟他说说，让他帮你探探口风。

我们觉得不合理的事，难道别的同事都看不到吗？难道就只有你一个新人是火眼金睛、能洞察世事？实际上，在绝大多数情况下，这些不合理的事情背后都是有深层次原因的。

人们对处于不同地位的人提出的意见、办法会产生不同效应的现象，被称为地位效应。

《韩非子》一书中记载了这样一个故事。齐桓公非常喜欢紫色的衣服，齐国上下从大臣到百姓都纷纷效仿，齐桓公说："我喜欢紫色的衣服，使得全国上下都穿紫衣，紫色布料现在极贵，该怎样制止这件事情呢？"管仲说："如果你想要制止这件事情，最好自己放弃穿紫衣的习惯。"齐桓公从此不再穿紫衣，并对左右的大臣说自己很讨厌紫色。从那以后，那些常穿紫衣的大臣再也不穿紫衣了。过了一段时间，齐国都城也无人穿紫衣了，再过了一段时间，整个齐国境内都看不到一个穿紫衣的人了。

上述效应在我们的日常生活中也比较常见。比如，同样一个意见或建议，如果是由地位比较高的人提出的，会有更高的概率被人接受。

了解了这一点，可能很多职场新人就不会冒失地提出一些他所在的位置不应该或不适合提的建议。

举个简单的例子，两个上司吵起来了，为什么很少有员工敢于上前劝架，或者对吵架的人进行批评？从本质上来说，这也是地位效应的作用。

　　回到本节开头的题目。很多人都觉得 C 是一个比较好的选项，但实际上 A 选项是更优的选择。原因很简单，职场是一场长跑马拉松，马拉松比赛不会计较你在某一段路上的速度，而是考查你在整个赛程中花了多长时间，比的是不犯错，甚至是少犯错。在职场上，由于你所处的职位与经验原因，贸然提建议的行动的犯错概率很大，还不如不提。从职场安全的角度来说，因为存在信息不对称的情况，最好还是不说为妙。

2.6

避免成见：被同事告黑状怎么办

　　选择题：这几天朱九戒的心情非常不爽，他发现有同事在背后向上司告他的黑状，他应该怎么办？

A. 和告黑状的人正面"硬刚"。没做亏心事，不怕鬼敲门。

B. 退一步海阔天空，清者自清，随他去吧。

C. 私下里找告黑状的人聊一聊，看看中间有什么误会，争取化干戈为玉帛。

D. 认真分析一下这个黑状中上司最在意哪个方面，找机会认真跟上司解释一下。

　　在任何性质的企业中，我们都可能在工作中遇到这样的问题："同事在背后告我的黑状，我应该怎么办？"

　　一个有趣的现象就是，我们大脑中的概念决定了我们的思维方式。比如，我们脑海中有"黑状"这个概念，那么我们的思维方式本身就有问题。在任何时候，我们都不应该过早地对一个常见的行为做出负面评价，也就是抱有成见。因为这种做法相当于预设了前置条件，这会框定我们的思维。

所以，职场上的人不应该把打小报告简单地评论为对或错，而应分情况讨论。遗憾的是，很多人已经人近中年，仍然把打小报告当作一个黑手段。

那么如果我们"背后挨了黑枪"，该怎么做？

第一，放下情绪。情绪稳定比能力强弱更重要，如果还没有意识到这一点，说明你吃的亏不够多。

第二，调查清楚是谁干的。你千万不要想当然，不要预设立场，要认真梳理谁会利用这件事获益，要从这个角度分析问题。从中也可以看出，平时要和同事们保持良好关系，不随便得罪人非常重要。值得注意的是，得出一件事情的结论不能仅凭"我觉得"，一定要有证据。

第三，理性反击。如果深思熟虑检讨自己没有问题后，你做出了进行反击的决定，那么反击时要理直气壮。这样你才能让围观群众觉得你有可能被误会了。对于一些有端倪但没有证据的事情，你要解释清楚前因后果。做错了要认，不要撒谎。记住了，旁观者不是傻瓜，其中有的是明白人。

第四，广而告之。如果就是同事存心整人，你要告诉全部门的人你俩有私人恩怨，尤其要通过一些委婉的侧面手段让上司知道这一点。这样的话，当对方在上司面前诋毁你的时候，上司会有更综合全面的判断。

回到本节开头的问题。无论面对告黑状，还是面对其他一些影响你个人声誉的事，你最应该分析的是这件事会对你的职场生涯造成哪些伤害，尤其应该分析哪些人或上司会因为这些事情对你做出负面判断。进行了这些分析，你才能有的放矢地做相应的工作，把影响降到最低。

2.7

流传甚广的故事：不要在职场上做太聪明的人

选择题：朱九戒有位名校毕业的同事，工作认真负责，做事效率也非常高，但就是有点斤斤计较，很多同事评价他太聪明，如果你是他的好朋友，你对他有什么建议？

A. 他挺好的呀，现在职场上你不占别人便宜就行，斤斤计较也不是什么坏事呀。

B. 劝他凡事不要计较，大方一点，这样可能会收获更多人的善意。

C. 还是要分人，对有的人可以计较，比如说遇到一些本身就斤斤计较的人，但是对于其他人还是要大方一点。

有一个流传甚广的故事。

有一个老和尚，垂垂老矣，知道自己活不了太久了。于是，他将两个徒弟叫到身前，给了每人一袋谷子，对他们说："你们把谷子种了，秋天谁的收获多，我就将方丈的位子传给他。"秋天到了，一个小和尚挑着满满的一担谷子回来，另一个小和尚却是空手回来的。老和尚就问空手回来的小和尚："你的谷子呢？"小和尚羞愧地说："我没管好，谷子没发芽。"

于是老和尚将衣钵传给了空手回来的小和尚。那个挑着谷子回来的小和尚就不服气了，质问老和尚："为什么是这个结果，这不公平。"

老和尚平静地说："我给你们两个的种子都是煮过的。"

"聪明人"太多的时候，内心坚守自己的观念的人在职场上会收获更多的友谊和善意。在职场上，真正的聪明人往往是大智若愚的，暗中掌握万事万物的规律，审时度势，想清楚再说再做。

有人说过，通常看起来很能算计，并把精明写在脸上的人，有相当大的比例是不幸的人。这些人在生活中感受到的精神上的痛苦，无论在时间上还是在程度上都比不那么斤斤计较的人大得多。换句话说，他们虽然看似精明，通过算计占了便宜，但并不快乐。

太能算计的人，多半是焦虑痛苦的

一个习惯斤斤计较的人，无论表现得多大气，他内心深处都不会安稳。算计或斤斤计较让人在不自觉间失去了平静的心态，陷入鸡毛蒜皮。而一个常常失去平静心态的人，大概率都会有不同程度的焦虑。很明显，处在焦虑状态中的人，多半与痛苦相伴。

在工作和生活中，斤斤计较的人很难内心自洽，反而会因为无法得到平衡和满足而对人或对事产生愤恨，变得愤世嫉俗，成为别人眼中的怪人。

太能算计的人，容易"聪明反被聪明误"

太能算计的人常常把自己摆在世界的对立面，这类人很容易贪心不足。这些算计会让周围的人对他产生警惕。曹操与杨修的故事可算是职场上"聪明反被聪明误"的最典型案例了。

建安二十四年（公元219年），曹操和蜀军僵持不下，一直没占优势又爱面子的曹操吃饭都没有胃口，有一天下属送鸡汤给其补身体，曹操看见鸡汤忍不住念"鸡肋"。下属杨修一听，自作聪明地让下属收拾东西撤军。坦白讲，下属杨修真聪明，上司确实要撤军。但是两个字就被下属猜中心思，那还得了！于是曹操找借口把杨修推出去斩了。

所以说，一个人可以聪明，但不可以表现得太聪明。真正的聪明人不会去耍小聪明，反而会藏拙。相信说到这里，本节开头问题的答案已经不言自明了。

2.8

避免预设立场：你亲眼看到的，也未必是真相

孔子有一位著名的学生，叫颜回。相传，这位兄台一次在煮粥时，发现有脏的东西掉到锅里去了，赶紧用勺子把脏东西捞出来。他刚拿出勺子把脏东西捞出来，忽然想到"一粥一饭来之不易"，于是就张口把勺子里的东西吃了。无巧不成书，孔子恰好在这个时间点走进了厨房，撞见了这一幕。孔子老先生以为颜回在偷吃，于是就把他狠狠训了一顿。颜回一番解释过后，孔子感慨说："亲眼看见的事情也不能妄下评语呀，何况是道听途说呢？"

看完上面这个故事，相信大家一定都会有所触动。眼见未必为实，凡事要多想多问，用善意来揣测对方，千万不要预设立场。

有句老话：我们总是像智者一样劝慰别人，却像傻子一样折磨自己。有些事，站在局外时，我们会感觉自己拥有了全知视角，一目了然；但一旦事情发生在自己身上，就手足无措起来。

预设立场的危险

人们往往容易陷入自己的主观判断，并且有了先入为主的观念，就很容易陷入片面，而预设立场的危险就在其中。比如，你认为上司不喜欢你，做事针对你，那么你就会把他的每一个举动都解读为是在针对你；但如果你和上司比较亲近，认为他的做法是在帮助你，那么同样是严厉批评，你可能也会解读出相反的意思。如果你觉得还是有疑问，那么请参考"疑邻盗斧"的故事。

疑邻盗斧的故事说的是某人丢了斧子，怀疑是隔壁的小孩偷了，看他走路的样子像偷斧子的，看他说话的样子也像偷斧子的，但就是没有证据。过了一年，这个人在自己后院种东西时，发现了自己的斧子，原来他当时不小心在运土时把斧子埋在土中了。这个时候，他看邻居小孩说话也不像偷斧子的，走路也不像偷斧子的了。

人有时容易对外在的事物产生某种想法和结论，并且这种想法和结论很难被改变。疑邻盗斧的故事就说明了主观意念的干扰，知觉对象（邻人儿子）始终未变，变化的只是个人的主观观念。当错误的观念形成，人们便自然地将这个观念投射到知觉对象上，从而主观地增添了许多原来并不存在的东西。

避免预设立场的实操

第一，觉察自己。问问自己，此刻内心发生了什么？

第二，安顿自己。进行几次深呼吸，平稳和安顿自己。想一想，如果这件事发生在别人身上，他会有什么反应。

第三，人在职场上的大多数烦恼都来自上司，与上司保持融洽的关系，这样在遇到事情时你就会往积极的方面去解读。

生活原则中的人际原则：遇到任何事情时都不预设立场，都以善意来揣测对方。

我们要清醒地认识到所有人都容易陷入自己的主观判断，并且有了先入为主的观念，我们会很容易陷入片面的视角，产生对真实世界的误判。

第 3 章
与管理者沟通的建议
练好职场基本功

3.1

反馈效应：不做沉默者，及时分阶段反馈任务

选择题：在工作中，上司交给了你一项艰巨的任务，你在攻坚克难完成任务的过程中，一般都会采用下列哪个办法？

A. 闭门修炼，憋一个大招，给周围的人和上司一个惊喜。

B. 造势，搞得"天下皆知"，以获取更多的资源。

C. 日拱一卒，每天把进展反馈给上司。

D. 顺势而为，上司有时间的话就多给他汇报，上司没时间的话也不强求。

反馈效应：你的沉默，会让他人很不安

在物理学中，反馈是指把放大器的输出电路中的一部分能量送回输入电路中，以增强或减弱输入信号的效应。心理学借用这一概念以说明学习者对自己学习结果的了解，而这种对结果的了解又起到了强化作用，促进学习者更加努力学习，从而提高学习效率。

美国著名的心理学家 E. B. 赫洛克（E. B. Hurlock）做过一个关于反馈效应的心理学实验。赫洛克把参加实验的被试分成四组。第一组作为正向激励组，在每次工作后都会给予赞扬和鼓励；第二组作为受训组，每次工作后对存在的哪怕是一点点

小问题都会对其严加斥责；第三组作为被忽视组，在每次工作后不给予组员任何评价，只是让组员们听其他两组被表扬或批评；第四组为控制组，让他们与前三组完全隔离，并且在每次工作后也不进行任何评价。

实验结果表明：成绩最差者为第四组（控制组），激励组和受训组的成绩则明显优于被忽视组，而激励组的成绩不断上升，学习积极性高于受训组，受训组的成绩有一定波动。这个实验表明：及时对学习和活动结果进行评价，能强化学习和活动动机，对工作起促进作用。适当激励的效果明显优于批评，而批评的效果好于不闻不问。

从上面这个实验可以看出，有反馈比没有反馈效果要好得多。而且，积极的反馈比消极的反馈好得多，主动反馈比被动接受反馈效果好得多。

不难看出，这个实验是给管理者的一个提醒，要求他们对被管理者做的事情给出及时反馈，而被管理者平时要养成主动向管理者汇报工作的习惯，对于管理者布置的任务，要及时地给予反馈，更要主动地进行反馈。有反馈才有动力，有反馈才能发现问题，有反馈才能进步，有反馈才能加深了解。这样上司才会及时地知道你的工作进度和工作能力，对你产生信任和给予支持。

另外，在职场中，员工大部分的工作都是由上司安排的，定期反馈可以让上司及时发现你的工作方向是否发生偏差，工作进度是否存在问题，工作是否存在潜在风险，以上这些都需要在与上司的反馈沟通中发现和解决。如果没有及时反馈，当你发现自己花了无数个日日夜夜做出的成果偏离了方向，最后一定会欲哭无泪。

好员工要学会与上司互动

一个真正的好员工，不能对上司布置的工作只说"好好好"，而更要懂得与上司形成互动。积极主动的员工，不仅能更好地完成自己的任务，还会增进上司对自己的信任和好感。

会替上司想的员工才是上司眼中的好员工，定期主动向上司汇报工作进度，让上司看到自己的努力和能力，才能使上司对自己放心。

对于上司布置的任务，员工不能只是听从和等待上司的过问，而要主动汇报遇到的困难，向上司反映工作中出现的问题并提出更好的解决方案，向上司说出需要的帮助。

主动性往往代表积极和努力，所以我们在工作中一定要表现得主动一些。主动一些不会吃亏，而过于被动会使自己陷入更被动的局面。如果我们有困难一直不说，自己扛着，到最后仍然完不成任务，不仅自己累得够呛，还会给公司造成损失，这个时候上司会把责任都归咎于你的沉默，你再委屈也无济于事。

职场中如何有效反馈

敲黑板、画重点，请特别注意"有效"两个字，不要简单地以为任何时候向上司汇报自己的工作进展都可以。这样做只是做到了"反馈"，却不一定"有效"。如何做才算得上有效的反馈，并赢得上司信任呢？

第一，为工作做好计划。

有人会说，工作瞬息万变，计划都是用来打破的。如果抱着这种想法，那工作就不需要管理了，切忌把一些特例当成日常现象。管理者厌恶的就是工作不可控，这也是绝大多数管理者都会要求下级做好月计划、周计划、年计划的原因。

做好合理的计划，就是为了更好地应对变化。

那如何才算是一个好计划呢？第一步，应该对工作全局有清晰的认识，对工作的目标、背景及需要的资源有清晰的了解，目标包括成果目标和时间目标。第二步，将工作进行分解，再采用与第一步同样的方法，对被分解后的每部分工作的目标和所需的资源、时间要求等进行分析。第三步，对各子项工作之间的关联关系进行判定。

把计划做好后，我们应该整理好思路，再将计划提交给上司进行汇报。这时上司一定会对工作的开端有个良好的期待，并且会对计划进行指导，我们可以按上司的要求对计划做出调整。

第二，在布置工作时约定汇报周期。

在上司向我们布置工作的同时，我们就可以迅速地估计一下工作量以及大致的工作进度。在上司布置完工作后，我们可以对上司布置的任务做一个简单的复述，确保自己的理解没有偏差，最后加上一句约定汇报时间的话，如"每周一早会后向您汇报"。很多单位都有固定的周会制度，这个时间是相对固定的，可以配合上司的时间。值得提醒的是，汇报的频率要根据工作的重要程度以及上司的关心程度来决定，不能太教条。

如果工作按计划推进或比计划推进得快，我们在汇报时一定要非常精炼地总结工作阶段性成果，以结论的形式快速地呈现给上司，避免长篇大论地先说过程，最后再来个"画龙点睛"。

第三，要让上司做选择题，而不是填空题。

作为下属，要时刻记住上司是我们的资源。当我们遇到问题时，要利用好这个资源来解决工作上的问题，这样才能减少自己工作上的困难。基于这个原因，我们在工作中遇到的问题，要及时向上司汇报，寻求支持。

要记住，上司不是提供解决方案的，而是提供资源和帮助的，所以不要去问上司怎么办，而应直接告诉上司应该怎么帮助你才可以解决当下的问题。当我们有多个方案拿不定主意的时候，要简要地介绍这些方案。这些方案的优劣，或许在下属看来没有什么区别，但因为上司掌握了更多的资源和信息，他会从很多我们没有意识到的角度给出更合理的建议。

不要让"不好意思"害了你

这里说的"不好意思",主要有以下两种情况。

第一,觉得上司特别忙,不好意思去打扰他。沉默的下属一定会让上司非常心慌。我们可以在汇报之前,把内容总结到可以在一分钟内说完,准备好之后,跟上司请示并在一分钟内把工作汇报完毕,这个时候相信上司再忙,也会抽出一分钟听完汇报。而且上司还会觉得我们逻辑清晰、表达流畅。另外值得提醒的是,千万不要把大段材料递给上司,他是没有时间看的,除非是一些需要他向上级提交的汇报材料。永远记住一句话,能用表格表达的千万不要用文字,能用图表达的就不要用表格。

第二,出了问题隐瞒不报,怕上司觉得你能力存在问题,不好意思汇报。重大工作事故的发生,很大一部分都源于这种心态,因为小事情不解决,一定会积累变成大问题。当小事情变成大问题,上司可能也无法立刻解决,后果的严重性也可能超出你的预期。

总结一下,向上司汇报时,我们要注意以下几点。

第一,凡是上司布置的工作,要件件有回音、事事有着落,别让上司焦虑地等回音。

第二,一般来说,下属汇报的次数应不少于上司的期望:及时汇报是表达尊重的一种态度。所以,我们永远不要纠结汇报是否多余。永远记住:汇报一定比不汇报强,多汇报一定比少汇报强。

第三,事要干好,更要会汇报。在汇报时我们要先说结果,有必要时再说缘由,最好有书面材料,配合图片效果更好,谁用谁知道。

至此,相信大家对反馈(汇报)应该已经有了明确的认识,可以说,这是要求而不是建议。通过及时反馈,我们可以收获帮助、支持与信任。如果不及时反馈,我们可能会遇到各种不确定，甚至做无用功。再次提醒，要克服心中的小障碍，主动积极地向上司汇报。以上都是我犯错得来的经验，与你共勉。

我们来回答本节开头的问题。A 选项容易在过程中引发各种意外，最后惊喜不成，反成惊吓。B 选项太高调，也未必能获得更多的资源，别人没有义务帮助你。C 选项是最稳妥的，也是推荐选项，按周期反馈，一方面可以避免走弯路，另一方面也利于获得更多的资源和支持，更为重要的是，可以频繁与上司接触，和上司建立更紧密的联系，这比单独做好一件事、做好一个项目，重要得多。

工作原则中的上下级原则：上司布置的任何工作，都务必反馈，没有例外。

所处的层级不同，掌握的信息和资源不同，对同一件事情的判断必然会有偏差。我们认为不重要的事情，上司可能认为比较重要。如果想要有效避免认识偏差，我们就要把上司布置的每一项工作都进行及时反馈，不要担心上司会烦，如果真有某些事情上司认为是不需要汇报和反馈的，在我们反馈后上司会说明，而我们也会在汇报的过程中逐步明确哪些内容需要汇报，哪些内容不需要汇报。做到了这一点，我们就杜绝了因信息偏差犯错的可能，能保持不犯错误，在职场上你就领先了 90% 的竞争者。

3.2

登门槛效应：求助的正确姿势

选择题：上级部门刚来了一个部门经理，朱九戒不是特别熟悉。近期工作中的一个指标出了点小问题，需要和上级部门进行协调。他可以选择直接找负责这项指标的专责，由他来解决；也可以找这位新来的部门经理，请他和这个专责协调。如果你是朱九戒，该怎么办？

A. 直接找负责这项指标的专责来解决。因为前面也已经说了，这是小问题，而且"县官不如现管"，应该直接找操盘的人把这事办了。

B. 找这位新来的部门经理，请他和这个专责协调解决这个问题。

C. 先和负责这个指标的专责说一声，让他知道你之后还会去找部门经理汇报。

17% vs 55%

1966 年，美国心理学学者 J. L. 弗里德曼（J. L. Freedman）与 S. C. 弗拉塞①（S. C. Frase）做了一个有趣的实验：他们让人到两个人员结构和经济状况差异很小的社区劝居民在房前的院子里立一个写有"小心驾驶"的大标语牌。

因为在自家房前的院子里竖这样的一个牌子挺难看的，所以可想而知，大部分居民是不会同意的。

不出所料，在第一个社区向居民们直接提出这个要求后，实验人员遭到了绝大多数人的直接拒绝，仅有大约 17% 的家庭很勉强地同意了。

在第二个社区，他们没有直接提出这个看上去有点过分的要求，而是先提了一个很微不足道的要求：请居民在一份赞成安全行驶的请愿书上签字！

这个要求小到几乎没有人会拒绝，所以几乎所有的居民都在上面签了字。

有趣的事发生在后面，过了几周，他们让助手再向这些在请愿书上签过字的家庭提出在房前的院子里竖牌的要求，神奇的事发生了：55% 的居民同意了！

两组居民同意的人数相差 3 倍多，而后者只是多做了一个非常小的动作：填写

---

① 也被译为弗雷泽或弗雷瑟。——编者注

一张请愿书!

　　这就是心理学中的登门槛效应（foot in the door effect）。具体来说，就是如果一个人一旦接受了他人的一个比较小的要求，为了给他人留下前后一致的印象或避免认知上的不协调，有很大的可能会接受对方更高的要求。

　　研究者们普遍认为，人们最初拒绝一些他人提出的违反个人意愿或难以做到的请求是很正常的。但是，有意思的是，人们一旦找不到很好的理由拒绝他人的小请求，就会倾向于同意对方的要求，尤其当对方的要求有一定的公益性时。这时，如果对方趁势提出更高的要求，他要拒绝这个更高的要求就会出现认知上的不协调、不自洽。于是恢复协调的内部压力就会促使他继续提供更多的帮助。

　　很多人会把这个效应用于销售中，其实如果我们能在人际交往中请别人帮忙时知道这个效应并有技巧地加以应用，就可能更容易得到对方的配合与支持。

　　我们在学习某些知识时，先不要定下很高很难的目标，而要把它分解成一个个小目标，然后逐步去实现这些小目标，这样不仅更能给自己信心，也会因为持续不断的成就感而让自己有更大的动力继续学习，学习效果也会很好，也许我们不知不觉地就会把整个大目标完成了。

　　在管理实践中，好的管理者会将公司大的目标科学地分解成一个个可落实的、责任明确的子目标。承担这些子目标的员工一旦完成了这些子目标，就相当于迈过了第一道"门槛"。管理者可以在此基础上逐步提高目标层次，实现管理中的登门槛。

　　在工作中，在和同事协商去做些比较难的工作时，可以先和他提出完成一些类似的小任务。对方同意并完成后，我们再提出一些难度更大的任务，这时因为对方已经有类似的经验，有了心理准备，他们也有更大的意愿和能力接受并完成新的任务。

　　在生活中，特别是人际交往中，如果我们要去认识一些新人，最好也一步一步地慢慢增加熟悉感，而不是一步到位地马上和别人熟络起来，这会很容易让别人受到冒犯；如果我们想让别人帮助我们做一些比较为难的事情，也可以利用登门槛效应，先让对方帮我们做一些很容易实现的小事，然后再引导对方慢慢给我们提供更多的帮助。

向上司求助，想和上司发展更紧密的关系时，我们更要如此。在工作接触中，我们可以在上司熟悉或擅长的领域，请他对自己的工作进行指点。随着熟悉的程度渐渐加深，我们才能向上司请求更多的支持和帮助。

如何给上司发信息求助

在现实中，很多人在决定向上司求助后产生了新的纠结：如何更好地描述自己的困难，如何表达感谢。其实这完全没有必要。我们只要简简单单、开门见山地把话说清楚就行了。如果真的要说发信息的注意事项，可以简单地总结为三个部分：回顾过去，立足现在，展望未来。在回顾过去这个部分，我们要表达对上司长时间关照的感谢，这一步非常重要，这三个部分其实不是必须都要有，但表示感谢的话是必不可少的；立足现在这一部分是指直接表达我们现在遇到了什么问题，想得到什么帮助；最后一部分展望未来是可选项，在这个部分，我们可以表达一下无论这件事情结果如何，自己都会对上司的帮助感激在心。下面举一个具体的例子，是一位工作 6 年的专责向他的部门主任发信息求助的实例。

最近几天下面都在议论公司人员要调整，您既是上司又是前辈，您来咱们部门这几年对我非常关照，感激在心。我也希望在您的帮助下能更上一个台阶，您看我这次应该怎么去争取呢？

这条信息就非常好地贯彻了上述原则，没有多余的话，既表达了感谢，也非常明确地表达了向上司求助和请教的姿态。

向外求，求出解不出；向内求，求出即解出

无论你学会了多少求助的技巧，在提问前都要针对自己的个人问题进行内心提问，尽量先梳理和表达自己内心的深层困惑，比如自己内心的价值排序。你要有意通过解决问题来提升自己，而非事事请人帮忙参考决策，因为那往往是对自己独立负责不足的自我表现。

相信在几年的锻炼后，你一定有机会从提问者变为回答者。这时候，你要了解，有一部分人主动提问时内心存有很多成见，他们貌似有困惑实则自己的看法很深，很难真正听进别人的话并提升自我觉察，于他们而言，找人提意见实际上是在寻求心理安慰，不论他人的意见是赞同还是反对。

在回答本节开头的问题之前，我们要先看清题目中预设的条件。首先这次出现的这个指标问题是个小问题，其次这个部门经理是刚来的，和九戒还不太熟悉。有了这两个预测前提，我们再来分析选项。A 选项看似解决问题的便捷途径，但这样做绕过了新来的上司，不利于和上司建立更紧密的联系。B 选项符合我们在上文中所说的登门槛效应，通过这种小的求助，我们可以逐步建立更紧密的关系。C 选项是更加完善的做法。和相应办事的人直接说好，充分表达了对他的尊重，为后续工作顺利开展做好铺垫。

3.3

刺猬法则：职场中如何把握好和上司之间的分寸感

选择题：入职半年，你的直接上司——张爱国主任一直和你比较亲近。有一次，张爱国拍着你的肩膀说："老弟，好好干！"你当时说："感谢爱国大哥半年的关照，你放心，绝对指哪打哪。"第二天，你去他的办公室找他签字，他的办公室里没有别人，这时候你该如何称呼他？

A. 张主任

B. 老板

C. 爱国大哥

D. 爱国哥

实验的设计者们为研究刺猬在冬天的生活习性做了一个实验：他们一次性把十几只刺猬放到户外的空地上。当时外边正是寒冷的冬天，刺猬被冻得浑身发抖。为了取暖，所有的刺猬都紧紧靠在一起。

有趣的事情发生了，当它们靠在一起时，因为彼此忍受不了对方身上的长刺，不得不马上分开。但生物本能会驱使刺猬们不断尝试靠在一起取暖。当他们靠在一起时，刺痛又会使得它们不得不分开。就这样，它们分开后又靠紧，靠紧后又分开。最后的结果却是圆满的，因为它们在这个反复的过程中逐步找到了一个合适的距离，既可以相聚取暖，又不会被彼此刺伤。

这便是"刺猬法则"。这个法则不仅适用于刺猬，也适用于人与人之间的关系。无论是工作中还是生活中，人和人之间的距离和上述实验中的刺猬一样：离得越近，他们对相互的要求就会越高；然而，一旦对方不能满足自己的心理需求，就会出现关系裂痕。这个道理对于职场中的人更为重要。管理者和下属的关系，简单来说，是管理与被管理的关系。作为下属，你时刻要牢记，无论你做出了什么样的成绩，都不能偏离了这个轨道，要摆正自己的位置。

在职场中，你也许想着和上司拉近距离后，就可以得到更多的照顾。拉近距离没有错，但你一定要把握好度。

刺猬法则告诉我们：在职场中，永远不要和上司称兄道弟。假如偏离了正轨，后果可能是你想象不到的。不要和上司称兄道弟，这个说法不再是忠告而是警告。也许在某些场合，上司拍着你的肩膀和你亲热无比、称兄道弟。然而，上司可以多说，但你不能跟着多说，你要时刻保持清醒，回到家夜深人静时，要充分换位思考，代入对方的角色。要注意，这里的换位思考，可不只是说说而已。最好的方式是把工作中上司的 KPI 列出来，看看自己哪些工作可以支撑上司的 KPI。只有这样反复思考和分析，我们才能配合好上司的真实需求，才能在职场的路上越走越顺。另外，在不违反原则、合理合规的情况下，能够在生活中帮上司一些小忙，可以更好地提升信任度、促进工作。而且，有时附加的"另外"可能才是更重要的，需要我们花更多的心思。原因很简单，任何工作的开展都需要信任，信任能大大减少管理成本，节约精力。而信任，源于生活。

总之，上司就是上司，在任何时候都要与之保持一定的距离，对于上司和下属的关系来说，距离是为了更好地保护和尊重！

回到开头的问题，我们应该且必须以正式的称呼"张主任"，来称呼对方。

工作原则中的上下级原则：和上司在一起时，任何时候、任何场合都要保持足够的尊重。

在人前人后保持对上司的一致尊重，才更容易赢得信任，才会让人觉得你做人靠谱。同时，这种有分寸感的尊重也能更好地保护自己，让我们在职场上保持安全，同时也能避免一些会引起上司反感的细节。

3.4

手表定律：遇到多个上司同时管理你时该如何应对

选择题：单位新盖了办公大楼，张爱国主任负责确定公司顶层电网调度大厅的装修方案。公司的总经理和分管生产的副总经理分别找张爱国主任进行了相关的工作布置，而且他们两位布置的装修方案差别较大。事后，张爱国主任也侧面了解了一下，发现这两位主要决策者的想法确实存在一些分歧。如果你是张爱国主任，这时候你该怎么办？

A. 当然是听一把手的，按公司总经理的要求装修

B. "县官不如现管"，听分管副总经理的

C. 把两个人的装修风格综合一下

D. 自己创造一个装修风格

心理学中有一个很有意思的现象——手表定律，是指当一个人在手里只有一块手表时，他可以准确地知道现在的时间，而当他同时拥有两块手表时，他自己就无法确定该相信哪块手表显示的时间。也就是说，两块手表并不能告诉一个人更准确的时间，反而会让他更加迷茫，不知道该相信哪个。

手表定律带给我们的启示是，无论在工作还是在生活中，我们都不能对同一个人同时采用两种不同的管理办法，更不要同时给他设定两个不同的目标，这会让被管理者崩溃。除此之外，从经验来看，一个人也不能同时由两个人指挥，这样做只会让他无所适从。这也就是题目中提到的问题，如果有多个上司同时管理你，该听从谁的指挥？

如果在生活中碰到手表定律的困境，我们也许有解决的办法。例如，为了获得更准确的时间，我们在最初就可以在条件允许的范围内挑一块相对准确的表，把它校得更准，然后将它当成我们的唯一计时标准。一旦认准唯一标准，我们就可以避免迷茫。我们在生活中可以这样做，但在职场中，对于这种"手表定律"我们该怎么办呢？

管理层意见不一致，让具体负责这次装修事宜的张爱国主任非常为难。公司总经理的话不能不听，但如果完全按公司总经理的意见来办，对于分管副总经理来说，自己直接分管的部门主任不服从自己的安排，也是职场上的大忌。

张爱国主任敏锐地意识到这里面的"大坑"。有两条路摆在他面前。第一条是逃避，这条操作难度比较大，即使请个三五天病假，回来后这件事情还是落在自己头上。第二条就是拖，就这件事情来说这条也不太好使，可以拖三天、可以拖五天，可总不能拖一个月两个月吧，而且只要开会或在电梯里遇到上司，他可能就会过问一下这件事情，拖下去有可能两边都得罪了。张爱国主任拿出了四份装修方案。第一份主要参考总经理的装修思路，第二份主要参考分管副总经理的装修思路，第三份综合了两位上司装修思路中的优点，并参考了兄弟单位的装修特点，第四份是完全不参考两位上司的意见，直接按照最简约、最省钱的方案设计的一种方案。然后张爱国主任向公司办公室申请，要求在总经理行政办公会对方案进行讨论，理由是广泛征求大家的意见，选定其中一个方案。僵局终于被打破了。

通过上面的案例，我们可以反思很多。这种职场人际关系问题时有发生，不少人因为犯了忌讳而成为斗争的牺牲品。对此，我们一定要有清醒的认识，自己一定不要擅作主张，否则自己肯定要"倒霉"。在多个上司意见不统一的时候，下属无论支持谁都会得罪人。

如果分管经理和总经理的意见真的发生冲突，作为执行者，我们应该从以下几个方面去处理。

首先，要问自己看到的是不是真相。一般来说，分管经理和总经理不会发生分歧，因为在做某件事时，分管经理会向总经理汇报工作情况，但是如果真的发生分歧了，作为执行者应该以工作为重，分情况对待。

其次，在平时的工作当中，执行者的工作是由分管经理安排的，执行者肯定要服从分管经理的安排，做好本职工作。如果在按照分管经理的意思做工作时，总经理让执行者按照他的意思做事，那么执行者应该表示会听从，但不着急实施，并对一把手的意见进行分析，及时和主管上司取得联系，说明情况。

本着对工作负责的立场，我们应当实事求是，一切从工作实际出发。在上司决策前，我们要给上司提供足够多的信息；面对问题时要从多个角度积极思考，学会用成熟、理性而不僵化的方法来解决问题。要相信，上司不会故意和下属过不去，因此不要预设立场；认真分析合理的建议，再加上积极主动沟通，才是更好的做法。

我们来回答本节开头的问题。四个选项做法都不好。张爱国主任的做法才是所能选择的最优做法，所以在职场中一定要多学多看，这样才能少走弯路。

瀑布心理效应：工作中说话的智慧

　　思考题：公司新盖了办公大楼，张爱国主任负责确定公司顶层综合办公区的装修方案。张主任工作比较忙，把装修方案中的调度大厅装修方案布置给了朱九戒。九戒接到任务比较开心，觉得可以借机大显身手。

　　九戒多次到未完工的办公楼顶层勘察，并联系了几家装修公司，要求它们拿出装修方案。为了确保装修方案合理，九戒还联系了他在其他公司工作的同学，想方设法把别的公司装修调度大厅的方案也拿过来作为参考。

　　九戒花了一周的时间，终于拿出了一份自己非常满意的方案，并让装修公司制作了精美的效果图。九戒找了一个张爱国主任的时间空当，拿着效果图对张主任侃侃而谈。他为方案花了大量的时间，也做了精心的考虑。

　　在朱九戒介绍方案的过程中，张主任眯着眼睛，频频点头。得到上司的肯定，九戒非常高兴，最后九戒对上司拍着胸脯说："这方案我们充分参考了省会分公司设计的图纸，以及省公司的设计方案，可以说是吸取了它们的优点，并结合我们的规模进行了优化设计，按这个干绝对没问题，我们就决定这么干了。"说完这番话后，作为爱观察的上进青年，九戒发现张爱国主任的表情有一些变化。张主任沉思了一下，原先频频点头的态度突然来了一个大转弯，明确表示这个方案还需要再认真考虑。

　　两天之后，九戒知道张主任推翻了这个方案，另外找人进行了设计。

问题：为何张主任开始频频点头，到最后又突然态度大转弯？

在心理学上有一种瀑布心理效应。它是指，在人们的交往和沟通中，别人说了一句非常随意的话，却引起了听者很大的心理反应，也就是说话人（信息发出者）的心理比较平静，但传递出来的信息被对方接收后却引起了对方心理失衡，从而导致对方态度行为的变化。这种"说者无意，听者有心"的现象，和大自然中的瀑布类似，表面风平浪静，下面却暗流涌动。

瀑布心理效应的确能给人们带来很大的警醒。还有一种严重的情况是，如果一个人思想松懈、说话随便，说了不该说的话，有意或无意地造成公司的泄密，那么轻者会使上司的工作处于被动，带来不必要的摩擦，重者会给企业造成极大的损害和不可挽回的后果。比如你和朋友聊天时，不小心说了一下你们的薪酬待遇，你的朋友把你们的聊天内容顺手拍了小视频传到朋友圈，这就相当于你泄露了企业的薪酬。

职场也是如此，人们表面波澜不惊，内心却暗流涌动。你不经意的一句话，就有可能在不知不觉间得罪了别人。这样的例子很多，例如办公室的同事穿了件新衣服，别人都称赞"漂亮""好看"之类的话，你偏偏说了句"这个颜色去年挺流行的。"你说这句话只是表达了一个事实，并没有什么恶意，却让穿了这件新衣服的人非常恼火，她会认为你是在针对她，在贬低她的品位，讽刺她买了过时的旧款衣服。

一不小心，我们说的话就会成为惹祸的源头，所以不要在同事面前评论上司，并不是说上司没有错，只是他的错误不能由你来评论。除此之外，我们还要特别注意，和上司说话一定要非常谨慎，无论本意是好是坏，因为上司不会去分析你的本意，只会从你的语言中捕捉你的内心。

身处职场，我们不可能拒绝交流。人们大多都会对冷漠、拒绝交流的人退避三舍。我们要做的是，在说话时要时刻注意对方的状态，万万不可信口开河。

身处职场，我们也不要在背后随便议论他人。随便议论他人常常会带来意想不到的麻烦，比如我们议论的事触碰了对方的"逆鳞"，别人就可能找上门来大闹一番，我们自己的形象就会一落千丈。所以在办公室里谈论涉及他人的话题时，说话一定要讲究技巧，以免招来麻烦。

此外还要注意，和任何人沟通交流时都要避免太情绪化。一个不能控制情绪的人，会给他人不成熟的感觉，这种不成熟的感觉会严重影响晋升。试问，有谁敢让一个不成熟的人做管理者呢？总而言之，我们的交流要注意场合、对象，同时还要注意表达方式。

我们来回答本节开头的问题。张主任开始频频点头，是因为看到九戒的方案确实是花了大量的心思，考虑比较充分，做了非常完善的功课。但最后九戒那句"我们就决定这么干了"犯了职场中的大忌，在上司面前，说"我决定"是比较令人反感的。通过这件事，九戒又成长了一步。在遇到这些问题并向上司汇报时，应该谦虚地说："这个问题，我有个不完善的想法，是……您看可以吗？"多听听领导的意见会让方案更全面。

3.6

特里法则：工作中犯错了该怎么办

选择题：朱九戒犯了错误，面对上司的指责，你觉得他应该采取何种做法？

A. 据理力争，为自己寻找开脱的理由，以期减少自己的责任

B. 不断地承认自己的错误

C. 低着头沉默

新墨西哥州阿布库克市的布鲁士·哈威，错误地核准付给一位请病假的员工全薪。他在发现这项错误后，就告诉这位员工并且解释说必须纠正这项错误，他要在下次薪水支票中减去多付的薪水。这位员工说这样做会给他带来严重的财务问题，因此请求分期扣回多领的薪水。但这样哈威必须先获得上司的核准。哈威说："我知道这样做一定会使老板大为不满。在我考虑如何以更好的方式来处理这种状况的时候，我了解到这一切的混乱都是我的错误，我必须在老板面前承认。"

于是，哈威找到老板，说了详情并承认了错误。老板听后大发脾气，先是指责人事部门和会计部门的疏忽，后又责怪办公室的另外两名同事。这期间，哈威则反复解释说这是他的错误，不干别人的事。最后老板看着他说："好吧，这是你的错误。现在把这个问题解决了吧。"这项错误的改正没有给任何人带来麻烦。自那以后，老板就更加看重哈威了。

这个案例是管理学中非常经典的一个案例，其背后的原理被称为特里法则。

失误后，沉默只能让你错上加错。在通常情况下，人犯了错误会下意识地寻找借口为自己开脱，这是人心理上的本能。因为人们会期望借此来降低在对方心目中犯错的程度。但是，站在上司的立场，他最反感的就是犯了错误还企图狡辩的人，因此，如果你犯了错误，一定要抵制这种心理上的本能反应，千万不要企图为自己找借口。因为当你的错误已经形成客观事实，对方就不会在心理上改变对你犯错的任何看法。相反，你的辩解只会加强你在他心目中的坏印象。

实际上还有另外一种与此相反的认错态度。在职场中，不少人因为害怕被上司认为是不肯认错的人，于是盲目认错。当上司指出其过错时，这种类型的人就一直拼命认错，把别人的错误也一并揽在自己身上。他们的口头禅是"是我的错，都是我的错，我应该承担责任”，但是这样“积极”的认错态度并不能获得上司的认可。因为盲目认错就等于错误的叠加，只会让上司认为这种类型的人不能办事，错误多多。

有时候，还会有另外一种情形，也就是 C 选项。这种类型的人出于对上司的畏惧，或者害怕说得多错得多，会保持缄默。事实上，保持缄默也不是对待错误的最佳方法。因为当一个人保持缄默时，在他人的心理上就会产生一种潜意识的认知：这个人默认了自己的过错。当然，你的沉默还可能会让你的上司暴跳如雷、气急败坏。

那么，在职场中犯下错误，究竟要采取何种态度呢？

首先，要客观地承认错误。

人们在心理上会偏向接受在犯错后第一时间承认错误的人。所以，当犯错后，要第一时间客观地承认自己的错误。这里的“客观”是指既不推脱自己的责任，也不把不属于自己的错误揽在身上。

此外，如何承认错误也需要技巧。很多上司最不喜欢听到下属说“都是我的错”。这样会让人摸不着头脑，不知道你究竟知不知道自己错在哪里。因此，客观地承认自己的错误，指出自己犯错的原因，是最恰当的承认错误的方法。一般来说，承认错误可以采用下列句式。

“这件事情确实是我的失误造成的，因为在负责这个项目的过程中，我……”

“由于……在我负责的这个项目中……导致了……的结果，非常抱歉。”

“××项目没有及时投运，是由于我在……方面的……疏忽，我应该承担全部/部分责任。”

其次，要提出解决方案。

有人说：“每个上司找到错误责任人时，第一时间想到的是情绪上的宣泄，然后就会想要得到解决方案。换句话说，每个上司找到犯错的下属并不是只想听到

'对不起'，而是想知道你有什么办法来补救。"

因此，如果我们在职场犯下错误，千万不要保持沉默，也不要一直承认错误。最佳的应对策略是客观地承认错误，并提出解决方案。此外，值得一提的是，如果我们是小团队的负责人，我们不应该让下属保持沉默。在心理上，沉默是个人迫于对方的身份、语言暴力、行为暴力而产生的一种消极抵抗情绪。作为团队的负责人，下属犯了错误，第一时间想到的应该是如何提出应急措施，而不是让下属保持沉默。因为，沉默并不能帮助你解决事情，只会让你陷入无法了解实际情况的困境。所以，在下属犯错时，不妨采用柔和一点的策略，让下属对我们推心置腹，使我们了解项目过程中的实际情况。当然，我们还可以来点"激励战术"，让下属戴罪立功。这样下属不但会拼命补救失误，还会对我们心存感激，并记住"恩情"，怀着感恩的心态办事。

相信经过这些分析，你已经知道了正确答案，题目中的三个选项都不是最佳的处理方法。我们需要用积极的态度认错，更为重要的是给上司提供选项，找出解决问题的方案。

工作原则中的上下级原则：工作中的任何错误，都必须在当天就直言不讳地向上司汇报。

先要明确，任何人都会犯错。同时，在犯错时我们不要保持沉默，也不要一直承认错误。我们要客观地评价自己的错误并如实向上司汇报，并且在承认错误时提出解决问题的方案。

如果能够做到任何错误都在当天就客观真实地向上司汇报，我们一定会给上司留下认真、靠谱、不推脱的正面印象。而这种印象带来的职场收益，远远超过所犯的错误带来的负面印象。

3.7

职场无小事：从管理者的视角给职场新人的建议

选择题：朱九戒和张爱国主任两个人一起出差，单位给他们派了一辆 4 座的小轿车，这时候九戒应该坐在车的哪个位置上？

A. 副驾驶。

B. 后排右侧的座位。

C. 后排左侧的座位。

D. 无所谓，没这么多讲究，随便坐。

着装建议

职场不同于校园，着装切忌过于休闲，但也不能不分场合而太正式。

职场新人最常犯的毛病就是穿得太正式或太铺张、太有个性。

你的着装要和你要去的单位、要见的人的着装期望相符合。当你不知道怎么穿的时候，你可以看看单位里和你年龄相仿的、早一两年入职的人是怎么穿的。穿衣风格要向这个群体靠拢，这样你才能更快地融入这个群体。否则如果穿衣风格引起他人的不适感，你就因小失大了。请记住一点，着装不但应该使自己感到舒适，还需要让对方看着舒服。这是你对对方起码的尊重。

你的着装需要和你从事的专业以及所在的行业的着装风格相吻合。比如，同样是在供电企业，你在机关办公室上班和在一线班组需要去变电站工作的着装肯定不能一样。办公室中有很多人都穿着西装，如果你穿着一身西装到变电站里，即使是去实习轮岗，也会让别人看起来非常不舒服。

邮件礼仪

在职场沟通中，电子邮件，尤其是内部的电子邮件是非常重要的沟通方式。

电子邮件作为信息沟通的一种表达方式，目的是通过文字、图片、表格、附件等形式，实现发件人和收件人之间的信息交互。但为什么职场上有时必须使用邮件，而不使用其他沟通形式呢？因为邮件与其他沟通形式相比，具有无法替代的效用。

①邮件与其他沟通方式相比，显得更加正式；

②邮件更易保存和追溯，便于明确职责。

邮件礼仪中有一些具体要求。

第一，标题要简洁，让收件人一目了然，以便信息能够顺利传达到对方，也方便对方信息检索；标题要符合邮件正文内容。如果你不知道什么是一个好的标题，可以用不到 20 个字来总结你这篇邮件中的核心内容。

第二，标题绝对不可以空着，也不可以随手敲个 123 之类的，除非邮件是给自己发的。

第三，邮件格式一定不要花哨，职场上的邮件都有特定目的，也体现了你的职业化水平。所以好的职场邮件格式应该是尽量只有一种颜色，特别需要注意的内容也可以标为红色，但全篇只用一种字体，只用分段、缩进和加粗这三种格式。分段是用来体现文字逻辑的，缩进是用来体现文字之间的层次关系的，加粗是用来体现重点的，有了这"三板斧"，基本上能覆盖所有与文字相关的需求，所以也不需要其他花哨的排版。

第四，将所有内容一次说清。考虑好如何将自己所有的内容组织在一封邮件中，不要在发出邮件后，继续补充更新邮件。

第五，若邮件主要讨论的事情在多次回复过程中发生了变化，你要及时更换邮件标题。

第六，发送或者抄送时，要注意职位的先后顺序。比如，你不能将一个普通职员的名字放在公司总经理前面。很多新员工不是特别在意这一点，我也曾经不是特别在意，也曾为这事被上司批评。这个顺序之所以重要，是因为你不知道收件的上司是否因为这件事而迁怒于你。在职场上，因为这种无心之过而被迁怒的性价比是最低的，所以花两秒时间把名字的顺序想好是一件性价比极高的事情。

第七，主送人是必须回复邮件的人，而抄送人则是没有义务必须回复邮件的人。

第八，跨部门合作时，一定要记得将邮件抄送相关上司。

交往礼仪

第一，一般握手，只用右手即可，但如果对方是长辈或上司，你要伸出双手，稍用力握，以示尊重。如果上司伸出双手，你更应该用双手。

你千万不要一只手放在口袋里和人握手。

握手时，伸手应遵从一定顺序。一般来说，"尊者居前"，也就是说，通常由身份较高者先伸出手。当女士同男士握手时，一般由女士先伸手；长辈和晚辈握手时，一般由长辈先伸手；上司和下属握手时，一般由上司先伸手。

第二，要懂得基本的饭局礼仪。具体到如何点菜，如何安排座位，如何敬酒，如何说话应答等。你要了解一些基本礼仪，避免因为不懂规矩在上司和众人面前出丑。

每道菜都等主客先夹菜后，其他人才可以拿起筷子。

当上司和客人发言时，不要低头玩手机，不要继续夹菜，应当放下筷子认真倾听。

敬酒要等到上司敬完后再开始，顺序是先敬完上司、客人再敬其他人，可以多人敬一人，不能一人敬多人（除非是上司或职位比较高的人敬酒）。

乘车礼仪

如果在坐车的时候有上司乘坐，你就必须坐在副驾驶位，因为这个位置还有一个名字——随员座。如果上司要坐车，那么他自然是坐在后排的。

在乘坐常见的 5 座轿车时，若由专职的司机驾驶，一般后排右侧的座位是首位，左侧次之，中间座位再次之，副驾驶位是末席。

陪上司出差的注意事项

你要轻装上阵（双肩包）。除非出差时间非常长，否则切忌大包小包带很多行李，这样你不但无法帮助上司，甚至上司还需要帮助你，就很不合适。

你要对材料、物资做好充分准备，包括行程、讲话稿、通信录、名片、常备药（创可贴、治腹泻和感冒的药等）、现金。

你要提前做功课，了解上司的习惯和喜好（了解驻地周围环境并提供参考）。

你要腿勤手勤、提前联系、有眼色。

你要考虑细节：提前检查确认时间、接送、文件、住宿、饮食等。

入住后，你要检查房间设施是否完好。

你要提前了解开会、洽谈、就餐地点，当好向导（开会、就餐前五分钟房外等候引导）。

你要了解当地名人名事名典故，及时填补知识空白。

你千万不要睡懒觉，要安排好一天的行程。

你要提前值机、选座位、打印登机牌（没特别喜好选过道、和上司隔一个过道或坐前后排）。

我们来回答本节开头的问题。因为这辆车是由专人驾驶的，所以九戒应该坐在副驾驶位，让主任坐在后排。另外要提醒大家，如果你坐朋友开的车，那么你一定要坐副驾驶位。为什么？因为你们两个人在一起，如果你不坐在副驾驶，你们交流时，你的朋友还要扭着头说话，这样既不安全也不礼貌。

第 4 章

从个人贡献者到班组长
把握好角色转变

4.1

古狄逊定理：管理是让别人干活的艺术

选择题：上级单位临时布置了一项报表填报工作，你对这个报表的内容比较熟悉，你自己填的话估计半小时就能解决，如果这个表交给别人填，你需要反复讲解说明，估计需要两小时。现在你成了班组长，你是将这项工作分配给别人做还是自己做？

A. 身先士卒自己来做。

B. 在班组里找一个年轻人，即使是花大量时间，也教他来做。

C. 具体谁来做，得看时间分配。如果时间比较充裕，那就慢慢培训另外一个人来做，如果时间紧迫，那就自己赶快做。

英国证券交易所有一位主管叫古狄逊，他说过一句话：管理是让别人干活的艺术。这就是所谓的**"古狄逊定理"**，也是从员工变为班组长必须学会的第一门课。这是衡量你能否成为一名合格的管理者的第一道槛。

和火车调度员、快递员一样，管理者是一个"专业工种"。举个简单的例子，你能想象一个班组 10 人，没有管理者，让他们 10 人自己商量怎么干吗？说到这里，也许有人会说，现在在硅谷也有人在尝试一种无固定领导者团队。但是如果你认真分析就会发现，无固定领导者团队其实也是有管理者的。也就是说，从目前我们所能找到的管理案例中，还没发现没有团队管理者的团队。那么问题来了，为什么一定要有管理者?

将 10 人放一起,如果不管理,可能只能产生 5 人的价值。管理者的作用是让这 10 人因为管理和协作,产生 10 人甚至超过 10 人的价值。这也是企业越大,高层管理者收入越高的一个原因。

管理学著作《领导梯队》中提到过彼得原理:在一个等级制度中,每个员工都会趋向于上升到他所不能胜任的地位。如果我们以管理岗位为晋升激励的结果,就必定会出现大量不胜任的现象。其原因很简单,目前绝大部分公司职务晋升的前提都是工作业绩好,即将业务水平高的人提到管理岗位上,这样做无可厚非。但是,业务技能高的人,不一定会是一个好的管理者。因此从普通员工到班组长,你需要迈过的第一道槛就是"下面的员工都不如我"。

迈过第一道槛的三个建议

第一,团队内的工作要有明确分工。

所有的具体工作,都要被合理地安排给员工,不要有"我比你们做得快,做得好,我来做"的想法。只有工作中有明确的分工,才能抑制上面这种做法。如果你自己把工作都干了,一方面自己的工作量会很大,另一方面也没法培养新人。但要提醒大家注意的是,很多新的班组长面临的一个问题是,一开始会把一些工作分配给下面的人,但发现他们做得慢,错误也多,一顿猛批,最后忍不住自己去干。这种做法会极大地伤害班组员工的自信心,是一种非常低级的错误,必须纠正。管理者一定要有接受错误的心理准备,要把在可控范围内的错误当成培训的成本。

第二,不要把自己的习惯强推成团队的标准。

一个员工能够被提拔为班组长,一定是因为其业务水平较高。所以,他们在自己成为班组长后,会有意无意地要求全班执行他在工作中的一些习惯,从而形成整个团队的标准。在这个过程中，管理者一定要克制。肯定有人会说："在《鲁滨孙漂流记》中，鲁滨孙就教星期五用英语来迁就他的习惯，那么为何我成了团队管理者，不能这样做呢？"如果只有两个人，这种做法的问题不大，但是如果团队超过 10 人，这样做就会影响团队的效率，这相当于改变了另外 10 人甚至更多人的习惯，对整个团队的效率会有很大影响。基于这个考虑，管理者需要在把自己的习惯当作团队标准时，做更谨慎的选择。

第三，把自己的工作职责写下来，并贴在办公桌上。比如，对于一项工作，班组长负责的是对每一个工作节点的监督和检查。

通过上面的分析，相信你已经得出了本节开头那道题目的答案。即使再麻烦，你也需要耐心地进行培训，这是效率最高的一种选择。

一次付出，长期有效。

4.2

负强化：如何更有效地规范班组员工的行为

选择题：朱九戒是一名班组长，班组中有十几名女同志，各年龄段的都有，学历水平也参差不齐。班组员工在工作上犯了不大不小的错误，朱九戒决定进行处理，请问以下哪一种处理方式更有效？

A. 罚款 100 元。

B. 扣除当月的安全奖励 100 元。

C. 所有班组员工一起开会，对错误进行批评。

在规范人的行为时，负强化比惩罚更有效。

这里提到的负强化和惩罚，是心理学中的两个概念。负强化是强化的一种，通常是指在个体出现某种行为后，减少环境中使其厌恶的刺激，从而强化个体的这种行为。例如孩子考试进步后，免除当月的家务劳动是一种负强化，而奖励孩子 500 元现金则是正强化。

惩罚则是为了减少或者去除个体的某种行为，在个体出现某种行为时，在环境中增加某种个体厌恶的刺激物或者拿走个体喜爱的刺激物。比如孩子考试退步后，减少其每天上网的时间是一种负向惩罚，而揍孩子一顿则是一种正向惩罚，但这种做法对孩子的成长非常有害。辨别强化和惩罚的关键是着眼于个体行为的改变方向。如果使得个体的某种行为增加了，就是强化；相应地，使个体的某种行为减少了，则是惩罚。

在班组管理中，负强化的方法可以减少一些低级的错误。九戒所在的班组负责监控电网中变电站的所有信号及远方操作设备，需要监控的信号数量比较多，一年大约 400 余万条，所有这些信息都需要人工筛选确定。对于有疑问的信息，现场运维值班人员需要到变电站设备上现场核实，并将故障信息上报给调度员。面对这么大的信号数量，人不可避免地会出错，一些小的错误如果没有及时纠正，就可能会变成大的错误进而影响电网甚至人身安全，后果不堪设想。如何减少电网监控信号的遗漏，是摆在班组管理者面前的一个重要问题。

想解决这个问题，先要抓住班组员工的痛点，简单来说，就是这些员工在乎什么。电网企业中有一个班组安全会制度，这个制度是指大家每周都必须集中学习。这对一些非运行班组来说没有问题，但是对运行班组来说，这就会让很多没有上班的人在休息时间特意从家中赶过来开会，没有上班的人就会觉得这占用了自己的休息时间。

这个问题没有特别好的解决办法。开会的时间基本上都是固定的，比如周五上午。如果在本周没有出现电网监控信号的遗漏或者其他错误，九戒就通过微信视频的形式连线大家进行一些班组工作的布置。如果出现错误，那么根据规定，所有人都要在出错的第二天上午 8:00 到班组开会。即使一周内发生两次及以上的错误，也要严格执行这个规定，也就是一周内集中开会。

这样，出错的人就会因为自己的错误使很多人从家里赶过来、利用休息时间开安全会而内疚，尤其在一个纯女性组成的班组中，这种压力就更大了。为了减少这种压力，她们在日常信号的监视过程中就会格外细心。同一个班次的两个人之间也会互相提醒，以避免因为自己的错误让其他人在休息时间过来开会。这种措施就是负强化与惩罚的综合运用。不犯错误，就免除了大家在休息日的舟车劳顿，这是负强化。这个措施的使用效果非常好，也充分利用了女性员工中的一些特点进行了规则设置。

我们来回答本节开头的那个问题。实际班组管理的经验表明，最后一个选项，也就是"所有班组员工一起开会，对错误进行批评"对运行班组最有效果。同时，设计这些规范措施时也应考虑劳动法及相关法律法规。

4.3

损失厌恶：让 100 元发挥 250 元的作用

问答题：来自芝加哥大学和多伦多大学的两位经济学家到一个生产电子产品的工厂，在工人中开展了一次实验。实验把一条生产线的工人随机分为两组，其中一组被告知，如果你们能保质保量地完成这周的生产任务，将会额外获得 100 元的奖金；另外一组被告知，他们本周有 100 元的补贴，但假如不能保质保量地完成本周的生产任务，补贴就没了。在这个规则下，哪一组工人的表现会更好？

追根溯源：从进化的角度来进行分析

从进化的角度分析，人类总是倾向避免或减少负面情绪。如果你预先给了自己一个正面的答案，当结果不好时，你需要处理的就是一种"失去"。这时，你就会产生强烈的被剥夺感和负面情绪，心理落差大；而如果你预设的是一个失败的结果，当结果是好的时候，你自然会非常愉悦；当结果是不好的时候，你也会用"早知如此"这样的话安慰自己，减少因失败带来的负面情绪，心理落差不会太大。因此人们在面对没有把握的事情时倾向于做出悲观的预测。

也就是说，对未来的悲观态度会最大限度地消除心理落差带来的负面情绪，更有利于人的生存。

那么人类为何在失去时会产生强烈的被剥夺感和巨大的心理落差呢？我们回到本节开头的问题，不都是完成任务多拿 100 元吗？但是确实有区别。在后面一组工人看来，100 元的补贴已经是囊中之物，如果得不到，他们会感觉"失去"了这 100元。这种现象很普遍，专门有一个对应的心理学定律——损失厌恶。也就是，人们更喜欢获得，惧怕失去。实验的结果和上述定律很吻合，后面一组工人任务的完成情况比第一组更好。

"损失厌恶"正式一点的说法是，人们面对同样数量的收益和损失时，认为损失更加令他们难以忍受。同量的损失带来的负效用为同量收益的正效用的2.5 倍。

令人沮丧的是，我们的周围充斥着这类消极的自证式预言导致的挫败。绝大多数人都对未来持悲观态度。为何人类会进化出这种特质呢？

《怪诞行为心理学》一书的第一章的标题就是损失厌恶。

注意，上面所说的损失厌恶和厌恶损失不完全相同。厌恶损失（Loss Aversion）一般用在行为金融学中，用于描述投资者按照自己心理账户的"平衡"来做投资决策，在调整资产结构时，往往卖出组合中某些"盈利"的品种，而留下仍然"亏损"的品种的投资行为。

损失厌恶是人类进化的本能，这么不合理的东西能在进化中保留下来是有原因的。有着损失厌恶的生物可以在恶劣的自然条件下和残酷的生存斗争中生存下来。面对物质匮乏的大自然，如果少吃一顿，可能就会丧命，在意自己损失的生物更容易生存下来，这样才有了我们这些损失厌恶的后代。

然而，我们现在所处的环境早已与原来不同，基因却还没有来得及进化，仍然会在各个方面有着损失厌恶，并且不受个人控制，它是"凭空产生的"并指导你下一步的决策，这些决策往往是不理智的，这在投资市场尤为明显。很多人忍受不了短期亏损，导致情绪上头，决策错误，无法创造出更多的价值，特别是刚进交易市场的人，频繁看盘，当自己账面出现浮亏时，心理特别不舒服，立刻"割肉跑路"，将浮亏变成实亏。

那么我们应该如何做呢？我们要主动识别自己的情绪，知道情绪为何产生。也就是说，要去思考我们为什么这么想，为什么做这样的决定。用专业的话说，就是开启自己的"元认知"。

经过以上分析，我们可以回答本节开头的问题了。后一种方式更好，利用的就是前文所说的损失厌恶原理。我们在工作中和生活中都可以利用这一原理来实现我们的一些管理思路和想法。

4.4

会哭的孩子有糖吃：为团队争取资源的最佳姿势

选择题：部门主任张爱国，在部门的周一例会上向朱九戒所在的班组布置了一项工作任务，这项任务实际上是和另外一个班组有交叉的，也就是说，这项任务应该由这两个班组共同完成。工作量大概是全体班组员工在三个月内，每天都要进行相应的一个小时的表格操作。如果你是朱九戒，你会选择下面哪种做法？

A. 既然上司布置了，而且这项工作也确实与本班组相关，就接了吧，还能怎么样呢？

B. 不管怎么样都要实事求是，在会上跟上司用委婉的语气进行陈述，表明这项工作涉及两个班组，应该由两个班组共同分担。

C. 会上不明确表态，只是低头记录，会后再单独找上司进行汇报。

D. 在会上，用委婉的语气跟上司汇报这项工作涉及两个班组，按理说应该由两个班组共同分担。但还是按照上司的要求办，只是下不为例。

作为团队负责人，再小的团队，哪怕团队只有三个人，你都必须在各种场合为这个团队争取资源。只有这样，团队的凝聚力才能不断提升，执行力才能不断增强。因为我们所在的职场，尤其在公司制企业环境下，实际上是一个开放的市场环境。通俗地说，就是很多事瞒不了人，把本不该自己团队承担的工作莫名其妙地接下来，会遭到团队员工尤其是老员工的强烈反对。即使你不把这些工作安排给老员工，安排给了新员工，也会让新员工心理不适，不利于后期的指挥。

有句老话叫"会哭的孩子有糖吃"。一直以来，我的理解都是会提要求的人收获最大，但其实包括我在内有不少人一直都把这句话理解错了。这里的"会哭"不是跟不哭的人比，而是跟"哭"甚至"乱哭"的人比。根据著名的 3W1H 原则[①]，"会哭"就是知道什么时候哭、向谁哭、在哪儿哭、怎么哭。

什么时候争取资源

在职场上，"哭"早了属于提前用力，效果不好；"哭"迟了容易赶不上趟儿，木已成舟，悔之晚矣。所以，把握好时间非常重要。争夺资源在企业甚至国家之间的博弈中都存在，换一种表达就是在合理合规的情况下，在合适的时间争取到尽可能多的资源来完成任务。

要把握好这个时间，你需要在上司收到各方的信息，但还没下定决心的时候"哭"。为什么要在上司收到各方信息之后再去"哭"？因为任何一个成熟的管理者都不会在仅仅收到单方面信息就做决定，他一定会听取所有利益相关方的陈述。那怎么判断上司还没下定决心呢？在他还没有正式宣布，或者还未形成文件下发的时候，这些时候都不算太晚。但也有一些情况，就是上司已经向他周围亲近的人吹过风了。如果你的"哭"是在这个时间点之后，那也会非常被动，因为管理者为了维护权威，在没有明显纰漏的情况下很少会主动收回决定。所以时间点的把握非常重要，这需要在工作中去观察、去体会。

---

① 即何时（When）、谁（Who）、何处（Where）、如何（How）。

向谁争取资源

大家都会不假思索地回答，当然是向上司"哭"了。你的上司有正职有副职，那该向谁"哭"？很多人会回答当然是向正职"哭"，但实际上最好是向分管此项工作的上司"哭"。因为不同的上司有不同的分工，即使是正职，如果没有特殊情况，也不会轻易干涉副职分管领域内的问题。所以"哭"的对象要有选择，如果你什么事情都贸然向一把手去"哭"，可能会适得其反。因为如果副职上司认为他的手下越过了他去汇报，可能会误认为你是在越级告状。

在哪儿争取资源

这个问题和开头的题目有关联。职场上有一条基本的原则是，永远永远不要在公共场合和上司起冲突，这是一条铁律。即使是你打算离职或者背后有靠山，也不要在公共场合和上司起冲突。因为即使你离职，可能还会在这个"圈子"里工作，如果恰巧你得罪过的上司和你后来的单位有联系，那么会对你在新单位的发展有比较负面的影响。基于这个原则，在公共场合，即使上司做出了一些你认为不合理的决定，你也不要明确表态，而要选择在不公开的场合进行汇报和解释。

怎么争取资源

很多人（比如说朱九戒）在工作了 5 年之后，在向上司汇报时都会以"我"开头。以开头的题目为例，在会后的单独汇报中，朱九戒说："这项工作会给我们的班组带来很大负担，这是不公平的。"很明显，这样"哭"的效果非常负面。你在和上司交流时，不能太过于本位主义，也就是太过于强调自己的立场。

朱九戒直到后来才明白这个道理，如果是现在的他，会这样说："您布置的这项工作，涉及我们的另外一个班组。要想把这个工作做好，我们必须一起努力才能交出一份比较好的答卷。如果仅仅是我们一个班组来做，因为专业的原因可能会有一些疏漏，如果出了错误会影响我们整个部门的形象。"这样的表达是站在上司的角度，制造一个目前处理方式下可能会引起的负面情况的包袱。那么，即使上司最终没有答应你的诉求，也相当于提前打了预防针，为自己加一层保护罩。

我们来回答本节开头的那个问题。朱九戒选择的是 B 选项，也就是直接在会上和上司进行说明，表明自己的态度，这不是聪明得体的选项。这四个选项中，如果选 A，上司可能下次还会把一些有争议的工作布置给你，总有一天你会忍受不了。朱九戒选择的 B 选项也是有问题的。我们的一个工作原则就是永远不要在公众场合反驳上司。有时候，如果下属在公众场合进行了反驳，上司可能出于维护权威的考虑，即使不合理，也会强压下去。C 选项是最稳妥、安全的选项。D 选项容易弄巧成拙，既然说出来了，那我们就应该争取不接。说出来了还愿意接下来这项工作，我们就有邀功之嫌，容易引起其他人的反感。

4.5

找到责任结合部：如何与部门内外其他团队配合

选择题：作为生产专业的核心班组，朱九戒所在的电网监控班是整个电网的"千里眼"，负责地区电网所有设备的信号监视、远方遥控操作等工作。在信号监视的过程中，遇到有疑问、需要现场确认的信号，变电值班人员需要驱车到不同的变电站进行现场核对。同时为了避免一些有问题的信号频发，现场人员也需要及时到设备前进行处理。在这个过程中，监控班就不可避免地会与现场运维班产生一些纠葛。监控班总是希望运维班能第一时间将相应的信号复归，减少频发；同时也希望运维班及时到现场对一些出现远方操作异常的开关进行现场操作。而运维班则希望监控班发现有异常信号时多观察几个小时，在远方操作异常时反复试几次，确实有问题时他们再去相应的变电站查看，避免白跑一趟。如果你是监控班的班组长朱九戒，你将采取下面哪种做法？

A. 无须考虑其他事，严格按规程要求来办。信号出现异常，运维人员就必须立即去现场查看，远方操作时有异常，对于非通信相关的问题，规程也不要求多次反复尝试，最保险的做法肯定是要求运维人员去现场操作。

B. 规程是死的，人是活的，在不明显违反规定的情况下，尽量减少运维人员的奔波次数，互相理解，"理解万岁"。

C. 利用事故演习或其他机会，组织一些与运维班的联谊活动，有了好的感情基础，工作可能会更顺当。

D. 遇到一些对方需要通融的地方，还是请示上司吧，这样最安全。

美国著名的未来学家约翰·奈斯比特（John Naisbitt）说过："未来的竞争是管理的竞争，竞争的焦点在于每个社会组织内部成员之间及其与外部组织的有效沟通。"

各个班组、各个专业之间的高效沟通可以简化办事的程序与手续，这不但能节省时间，更能提高工作效率，同时也有助于克服本位主义倾向，有助于培养整体观念和合作精神。在相当多的企业中，人情的效率有时可能会优于制度的效率。同样一件事情，关系亲近的人去办可能三下五除二就解决了；关系疏远的人去办，可能就会被条条框框卡住，来来回回费很多周折也没有办下来。面对这种现状，做好部门内部班组之间的配合需要做到以下几点。

主动承担责任结合部的工作

在职场上有一个广为人知的概念，即利益结合部，一般是指你的利益和公司的利益以及上司的利益之间交叉的地方。

一般情况下，在职场中，你的利益与你上司的利益不会完全一致。你上司的利益和整个公司的利益也不会完全一致。而且，越大的公司，层级越多，不同层级员工的利益和公司的利益差别就越大。下上层级之间的这种利益差别，同样存在于平行的组织架构中。即，在同一个部门的不同的班组之间也存在上述现象，我称之为"责任结合部"。不同的班组专业分工不同，所以针对同样一项工作，不同班组的目标是不完全一致的，那么工作重点也会不尽相同。此时，你就需要参照对利益结合部的处理方法，对责任结合部的工作进行妥善安排。

如果我们在职场中只在乎自己的利益，就会被疏远甚至被边缘化；如果我们只在乎上司的利益，就会被动、不独立；如果我们只在乎公司的利益，可能会被人排挤。同样地，作为不同的班组，如果你在工作中只在乎自己班组的利益，不考虑其他班组，那么就相当于忽视了利益结合部中他人的利益。

在人与人的相处中，相信大家都不会犯只考虑自己的利益这样的低级错误，但在班组与班组之间的配合中，很多班组长就会不由自主地犯这种错误。究其原因，在个人相处中，我们只需要对自己负责，即使多承担工作，甚至受一些委屈，自己也都可以扛下来；但对于班组来说，班组长如果贸然多承担工作任务，可能会招致班组成员的不理解甚至抱怨、责怪、谩骂。所以有些平时私人关系还不错的班组长，可能在工作场合会争得面红耳赤。

在班组之间的配合中，班组长可以在了解相应职责界面的情况下，进行科学评估。对于涉及两个班组共同负责任的工作，如果真的是自己的班组所负责任稍微大一些，而且由自己班组来承担效率可能会更高，班组长可以在工作分工的过程中主动提出由自己的班组来承担这部分工作，这样也为下一步探讨其他分工赢得一个好的印象分。

提前确定时间节点，明确各节点的进度

在多班组配合工作的过程中，另外一个可能产生扯皮的情况就是工作分配完后，不同的班组分头作业，到最后汇总时发现有一部分工作大家都没有做，或者都没有做好。这时，整个工作任务无法完成，两个班组都会受到处罚或批评。

出现这种问题的原因也是本位主义思想，预防的方式就是明确工作进度并定期交流。只有这样，才能及时发现对方的工作进度和工作质量对本班组工作进度和质量的影响，才能防患于未然，避免直到最后才发现对方的工作影响了己方的工作进度和质量。

不要轻易向分管上司告状

从管理者的角度来看，他们最希望看到的情况就是，下属和管理者紧密配合，主动沟通，顺利地完成分配的工作；他们最不希望看到的情况就是，不同的下属团队之间互相推诿、扯皮甚至告状。从这个角度来说，班组长把不同班组之间配合产生的问题向分管上司反映是最坏的做法之一，这直接表明了自己没有能力主动进行沟通，没有能力协调好这一系列的工作。

把矛盾解决在暴露之前

把矛盾解决在暴露之前是指，在进行正式的会议沟通或上司参与的沟通之前，班组长应该先私下主动找对方班组长进行沟通，也就是人们常说的"事先通气"。这样

做的好处在于，即使己方和对方意见不一致，也能有充足的考虑和应对的时间，并可以拿出相应的备选方案，避免在会议等太公开的场合进行重要事项的初次沟通。

综上所述，部门内部不同班组进行沟通时，班组长要换位思考，主动做出合理让步，并在此基础上求得对方支持。最关键的是，在平时也要与对方保持非常好的私人关系，这样有助于建立沟通时的信任，减少内耗。

与部门外部其他班组之间的配合

与部门外部其他班组之间的配合和部门内配合的最大差别在于，双方共同的上司不一样了。在做决定以及和部门外部其他班组长达成一致意见时，务必考虑到这一点。也就是说，你做的决定不能影响本部门的利益，如果对部门的利益或其他方面有所影响，你部门的上司一定会不同意。

你要注意沟通之间的直接对等，避免越过对方班组长直接去找对方班组长的上司。有些班组长可能会认为："我找了他的上司，只要他的上司同意，那么事情不就好办了吗？"首先，即使你直接找对方的上司，对方的上司也只会站在自己部门的立场上去征求部门班组长的意见；其次，对方的班组长一定会有本位主义的思想把相应的任务和职责向外推，这与敬业精神以及人品无关。科学合理的方式是，私下找对方的班组长进行沟通，同时和对方约定分别向自己的分管上司汇报，得到各自分管上司的同意后，再敲定最后的细节。

在任务推进过程中，你要把工作进度告知双方的上司。一个简单的做法就是约定好工作时间节点，在各个工作时间节点通过邮件或会议的形式让双方的上司都知晓此项工作的进度。之所以这样做，是因为作为班组长，我们接触的信息是有限的，而及时让双方的上司知晓工作进度，他们就会根据他们掌握的信息发挥监督和指导的作用，避免我们走弯路。

由此可见，无论是部门内的配合还是与部门外的配合都有一些需要共同遵守的原则，也就是提前私下沟通、明确时间节点并及时将进度告知上司。只有在遵守这些规则的同时，打好工作基础，处理好人际关系，才能在部门内外的配合中减少工作阻力，提升工作效率，减少内耗。

我们来回答本节开头的问题。

A 选项过于教条，如果真的这样做，你就会四面树敌，工作越来越难以开展。令人悲伤的是，朱九戒在担任班组长的前期选择了这种方法，这是多么痛的领悟。

B 选项是比较灵活的做法，但在实际操作中，因为具体的工作是不同的班组成员和对方的班组成员进行对接的，所以不可能每一个值班员都将你的要求内化于心，总有一些人和对方的配合度不是特别高，从而引起一些龃龉。这种龃龉会在值班员的群体内传播甚至被放大。

C 选项是操作性比较强、效果最好的一个选项，有句古话是"人有见面之情"，更何况是同事，只要熟悉并建立了私人情谊，工作中的配合度会大大提升，其效果有时会超出想象。

D 选项看似稳妥，实际上是不具备操作性的。才遇到这样的小事，你就给上司出题目，在上司看来，你是把责任往他身上推，这也是新手班组长应该力戒的。

4.6

社会影响力原理：在工作中如何说服他人

思考题：朱九戒成为班组长半年后，打算精简和改变一些内部工作流程。而班里的不少老员工对此不太积极，觉得原来的流程都用习惯了，不如不变。现在朱九戒打算在班组会上讨论这项工作流程，请问如何安排才能让更多人支持这项决定，从而顺利将其推行落地？

《应用心理学》杂志在 1982 年刊登的一篇研究报告提到，一批研究人员挨家挨户为一项慈善活动募捐，并同时向每户人家出示一份该小区已捐款人的名单。研究人员发现，捐款人的名单越长，后续者捐款的可能性就越大。值得注意的是，另一项研究发现，当对方并不认识那些名字时，说服力就会大打折扣。另一项实验也证明了这一点。该实验要求纽约市的居民将捡到的钱包归还失主，当他们了解到另一个纽约人曾经这么做时，他们变得非常希望将钱包归还给原主；然而，当他们了解到某个外国人曾经这么做时，他们的决定丝毫不受影响。

这就是心理学中的社会影响力原理：处在社交环境下的人会仿效与其相似的人的做法。将这两项实验联系起来可以看出，影响力在水平方向比在垂直方向更有利。优秀的管理者要善于利用员工自身的意愿而非命令说服员工；针对这一点，大家可以观察一下家长教育孩子时的情况，用那些高大上的形象说服孩子很难奏效，而孩子身边关系最近的同学最能影响孩子。

沟通和说服是职场中最为重要的工作之一。在专业分工如此细化的当下，任何一项稍微复杂的工作都是由多个人、多个班组、多个部门协作完成的。由于站的角度不同，针对同一件事情，不同的人会有不同的看法和不同的工作思路。要想迅速、有效地完成一项工作，有时候你不得不说服其他人。

很多职场新人认为说服他人就要摆事实、讲道理，用充分的事实和逻辑去说服对方。这种想法既对也不对。说对，是因为这确实是其中一个方法，至少从大的方面来说，说服就应该是这样的；说不对，是因为如果真的这样操作，反而有可能你说得越多，摆的事实、讲的道理越多，别人的逆反心理也越强。

所以，当你想说服一个人时，你应该陆续告诉他一些理由，而不要轻易说结论，不要把自己的意见一开始就强加到别人身上。这就像我们去买东西或者做某件事情时受到别人的强迫一定会不高兴；但如果是自己主动买东西或者主动做某件事情，就能够事半功倍。

如果你想说服你的上司，让他按照你的想法做事，你可以尝试如下做法。

首先，你要提前把最终结论理清楚。

其次，你要把所有能够支持那个结论的理由、前提、例子罗列清楚。

再次，你要选出其中最重要的一个事项，再次进行细分，因为这个事项也可能还有其他支持理由、前提、例子，你要选中一颗最简单却又最可能成长的种子。

最后，你可以在一个不那么正式的场合和上司"不经意"地聊到这个话题时，把准备好的那些不那么正式的内容讲出来，种下这颗种子。

说服他人的终极技巧是这样的：种下种子，坚决不提结论，让他自己想。

我们来回答本节开头的问题。答案有很多，但是紧扣本节主题，我们可以考虑让一位支持该举措的老员工在班组会议上发表支持言论。这样一位老同事的陈述可能比你这个班组长的话更具说服力，更不容易引起其他班组成员的逆反心理。

4.7

如何带徒：培养一个得力的助手

选择题：一个刚入职、被分配到班组的大学生小李，想了解一些供电企业中配电网相关的知识，他应该选择下面哪种做法？

A. 问师父要一本配电安规，认真琢磨，争取背下来。

B. 和班组长申请，到现场跟在师父后面看。

C. 从网上找一些相关的培训视频来看。

D. 到网上找一些论文来看一看。

尽管科技信息如此发达、管理手段如此多维，但是不得不承认，师徒关系仍然是最高效的和健康的职场关系之一。我看过这样一个访谈短片，片中采访了 10 个国家级的劳模，有 9 个人都说，他们的师父和自己刚参加工作时的老班长对他们影响最大。

班组长被赋予了班组管理的权利，和新员工结成师徒关系，对班组长而言在后期的管理中是一个双赢的过程。原因很简单，师徒关系意味着更多的信任，而信任是职场中最为稀缺的。建立师徒关系可以稳固双方的信任，能极大地减少沟通成本，提升效率。

关于带好徒弟，我有以下几点建议。

第一，关心徒弟生活上的事情是第一位的。原因很简单，如果生活有困难，势必对工作造成极大的影响，工作上的努力奋进也就无从谈起了。比如，新来的大学毕业生小刘家在外地，他的女朋友准备辞职过来考事业编。现在女朋友还在备考当中，他们基本上是一周一聚。在遇到这种情况时，你就尽量不要在周末给小刘安排工作；同时你还可以了解他的女朋友想报考的单位，利用自己本地人的优势，主动提供自己力所能及的帮助。

第二，多和徒弟交心，这种交心是指一对一地在办公室关上门交流。你可以利用自己过来人的经验，尤其是失败的经验，引导他对自己的职业生涯做一个设计。因为从心理学的角度来说，只有自己选择和设计的东西才是驱动力最强的。

第三，多看看徒弟的优点，有上司来时，尽可能多地表扬徒弟，这样可以更多地激发徒弟的干劲。

　　第四，作为师父，你要明确认识到对方是成年人，千万不要由于对方刚入职时的青涩和不成熟，而长期对徒弟抱有某种看法。即使是你自己的孩子，你付出了全部感情，孩子在长大后也会在一定程度上脱离家庭，有自己的生活，更不用提职场上的师徒。有了这种认识，你们就会对彼此有更充分的尊重，这也是保持长期关系的良好基础。尤其是在师徒关系告一段落后，曾经的徒弟如果对你比对其他人客气，你要懂得珍惜。旧时那种"一日为师终身为父"的时代早已一去不复返了，当师父的要有这个觉悟。

　　做到这几点，我相信只要是一个正常的年轻人，都会对师父存有感激之情，有了这个感情基础，开展好工作就是水到渠成的事情了。

　　本节开头的问题其实是我实际遇到的情况，下面是我对小李说的原话："小李，我刚上班时跟你特别像，凡是遇到不懂的知识就喜欢找书来看，但现在公众号或者是一些在线视频里面的内容，配上图片更容易理解，更新得也更及时，可以尝试一下。另外，建议你学习时一定要记录、做笔记，做笔记时建议你用印象笔记之类的电子笔记软件。用这类软件做笔记，便于积累和保存，这些内容以后也有可能形成你的成果。即使是这些很简单的基础入门知识，如果做好了，以后也可以给师弟师妹们培训，是非常好的素材。"

4.8

霍桑效应：如何提升班组凝聚力

　　选择题：作为班组长，朱九戒必须用手中有限的资源最大限度地促进工作效率提升，以面对不断扩大的电网规模。端午节马上到了，而且端午节和六一儿童节赶到了一起，如果你是他，手头只有 1000 元预算的慰问金，你决定怎么做？

A.　10 个人，每人发 100 元，简单明了，与其买东西，不如直接发钱。

B.　每人发 100 元大家也没什么感觉，还不如买点东西，这样大家拿在手上也好看。

C.　这点钱发东西和直接发钱都产生不了什么积极作用，不如组织个亲子活动，让大家在一起玩玩、吃个饭。

D.　发钱太少，不如不发，这次就不发了，攒着下次一起发。

1924 年 11 月，以哈佛大学心理专家乔治·埃尔顿·梅奥（George Elton Mayo）为首的研究小组进驻著名的西方电气公司的霍桑工厂。他们的初衷是通过改善工作条件与环境等外在因素，找到提高工作效率的途径。他们选定了继电器车间的 6 名女工作为观察对象。在实验中，研究小组不断改变照明、工资、休息时间、午餐、环境等因素，希望能发现这些因素和工作效率的关系——这是传统管理理论坚持认为的影响因素。但是很遗憾，不管外在因素怎么改变，实验组的工作效率并未与外在因素形成可信的对应关系。

为了提高工作效率，这个工厂请来包括心理学家在内的各种专家，在约两年的时间内找工人谈话两万余人次，耐心听取工人对管理的意见和抱怨，让他们尽情地将情绪宣泄出来。结果，霍桑工厂的工作效率大大提高。这种奇妙的现象就被称作"霍桑效应"。

历时 9 年的实验和研究，学者们终于意识到人的工作效率不仅仅受到外在因素的刺激，更有自身主观上的激励。就这个实验本身来看，当这 6 名女工被抽出来成为一组的时候，她们就意识到了自己是特殊的群体，是实验的对象，是这些专家一直关心的对象，这种受注意的感觉使得她们加倍努力工作，以证明自己是优秀的，是值得关注的。

这个实验能带给管理者非常多的启示。

之前在管理学中，通常将人假设为"经济人"，认为金钱是刺激和提升员工积极性的唯一因素；而霍桑实验证明人是"社会人"，是复杂的社会关系中的成员，因此，要调动工人的生产积极性，不能仅仅靠物质刺激，还需要其他方面配合，比如情感上的支持。

传统的管理理论将工作效率主要归因于工作方法和工作条件的制约，但霍桑实验推翻了这一假设，提供了全新的管理视角；证明了工作效率在一些情况下取决于员工内在自发的积极性，取决于员工的社会关系或员工之间的关系。

传统的管理过度关注规章制度、组织机构等正式组织形式。通过"霍桑实验"，我们发现被大多数人忽视的非正式组织对提升生产效率有令人惊讶的作用。这些被忽视的非正式组织在某些方面可能与员工的情感关联度更高。

霍桑实验对班组管理工作具有非常强的指导和借鉴意义。一方面，这提醒我们除了金钱刺激，作为管理者更要从员工的情感需求角度出发，以情动人。另一方面，这提醒我们要高度关注集中的非正式组织，尽可能引导这些非正式组织与公司的大环境融合，推动班组工作效率不断提高。在实际的应用过程中，你需要关心班组中的每一个人，知道他们的家庭情况，知道他们孩子多大，知道他们是否夫妻分居，知道他们什么时候接小孩，知道他们家是否在外地，是否在过年过节时需要回家。只有班组成员实实在在地感觉到你在关心他、帮助他，他才能在工作中全力以赴地支持你，你也才能把班组中一个个零散的人凝聚成一个有力的集体。

我们来回答本节开头的问题。实际效果最明显的是C选项，也就是不发钱，组织一些亲子活动，给大家提供更多交流以及了解各自家庭的机会，这会让这个团队更有凝聚力。

4.9

最安全的选择：在班组长阶段不要做的蠢事

选择题：随着电网规模的不断扩大，变电站以及设备的数量相较三年前翻了一番，而班组人员中有 3 人陆续退休，工作量翻倍式增长。作为班组长，朱九戒在班次的安排上捉襟见肘，人员急缺。他也曾数次向直接上司，也就是部门主任反馈这个情况，但一直未得到解决。如果你是朱九戒，你觉得自己应该怎么做？

A. 继续扛下去，既然上司不解决，那能有什么好办法？

B. 提还是要提的，会哭的孩子有糖吃。

C. 找一个公司分管上司来部门调研或参加安全会的机会，在会议发言时顺便说一下。

D. 结合公司的资产规模和设备数量，与兄弟单位横向比较一下，用数据来说服上司。

向上司争取资源时要注意方式方法

班组长虽然是最基层的管理者，但也是属于管理者的行列。作为基层管理者，无论职位高低，都要主动担负承上启下的责任。简单地说，就是既要知道下面的员工需要什么，也要准确把握自己的上司需要什么。前面说的那个问题，其实就是我自己在当班组长时面临的困难，我的做法是在每周部门会上班组长发言时提及这件事情。事后，部门主任把我叫到办公室，狠狠地批评了一顿。其原因是"没有大局观"，因为缺人是一个共性问题。部门内有多个班组，在大会上提这个问题看起来就是在公开向上司叫板。

会哭的孩子有糖吃。尽管缺员是部门各班组的共性问题，但在不同的班组中缺员的情况肯定也会有所不同，所以这一问题依然值得探讨。作为班组长，不提这个问题是自己的失职，但提出这个问题时要考虑上司的感受；要结合公司的资产规模和设备数量，与兄弟单位横向比较，列出表格，私下向上司汇报。只有用数据来说服部门主任，部门主任才能拿着这个数据去说服他的上司。

画重点：无论做什么，都不要给自己的直接上司制造难题。如果真是遇到了难题，也需要给上司提供解决方案和向上司汇报的材料，便于直接上司向他的上司申请帮助和支持。

班组内部调整时要格外当心

朱九戒所在的班组，负责整个地区电网的信号监视，可以说每时每刻都有信号在刷屏，日积月累，出错是在所难免的。在普通得不能再普通的一天，班里事儿最多的三多姐又犯错了，遗漏了一个比较重要的信号。部门的分管上司把九戒叫过去狠狠批了一顿，明确指出，这组的两个人已经是这个月第 2 次犯错了。（此处需要向大家说明的是，朱九戒所在的班组是运行班组，也就是 24 小时值班，每天分为两个班次，每个班次两个人，有四组人反复循环值班。）部门的分管上司认为这两个人责任心不强，没能起到相互监督的作用，要求把这两个人分开，不要放在一个班次。

既然上司提了要求，没有什么好犹豫的，九戒当下做了决定：让责任心非常强的老大姐王姐和三多姐在一个班次值班。做了这个决定，九戒就在班组群里发布了相应的通知。谁知道这一通知不要紧，班组群炸开了锅。包括三多姐在内，所有涉及班次调整的人都不满意。不满意的原因很多，王姐不愿意和三多姐一起值班，觉得她"破事儿太多，太烦"；三多姐说，如果她调整班次，那么今年大年三十就轮到她来值班了，所以也不同意。九戒只得一个一个和她们沟通，最后承诺，大年三十自己来值班，这才把这件事情安排下去。

　　没有经验的管理者在做决策时，通常容易自己"拍脑袋"，不进行沟通就直接宣布。有经验的管理者在做任何调整之前都会和当事人做好充分沟通。上面这个例子就是这样。班次调整在运行班组中是最寻常不过的安排，但是如果班组长不和当事人沟通就直接在班组例会上或者班组群里宣布，可能会被很多人当面顶撞，甚至下不来台，让管理者的威信受到损害。

　　我们来回答本节开头的问题。最后一个答案是最安全的选择。A 选项是鸵鸟心态，而且如果因为值班疲劳引起事故，最终还是自己担责。B 选项只给了"鸡汤"，没给"勺子"，知道了这些道理也完全不知道怎么去操作。C 选项会被有些上司认为是给他出难题。综上所述，要私下里沟通或单独向上司提交报告，即使上司不高兴，也因为没有外人在而不会影响上司的威信，是最安全的选择。

第 5 章

从班组长到部门负责人
值得铭记的管理进阶

部门副职第一课：互相补台，好戏连台；互相拆台，共同垮台

选择题：成为部门副职后，朱九戒干劲十足，把分管的工作认真梳理了一遍，发现了一些不太合理的地方。他找了主任不忙的时候，私下跟主任进行了沟通汇报，主任没有立即表态。如果你是朱九戒，你怎么判断目前这种情况，你会采取什么做法？

A. 反正存在的问题我也向上司反映了，还能怎么办？还是听一把手的，正职都不急，作为副职能有什么办法呢？等着呗。

B. 先等等看，我再收集一些信息，两个星期后再向主任汇报。因为在这个时段内主任肯定也会通过他的渠道去了解相关的情况。

C. 静观其变，如果真的不解决，那我就等有公司上司来本部门调研时，再委婉地提一下。

D. 我应该找相应的班组长以及班组中的骨干进一步了解情况，包括在一些非正式场合向他们了解一些信息，同时也了解一下兄弟单位是否也存在类似的情况，它们是怎么解决的；把这些情况了解透彻之后，再向主任汇报。

如何当好副职，处理好与正职之间的关系呢？

首先，要适应角色的变化。班组长面对的专业只有一个，面对的人也只在一个班组内部。而部门副职面对的是多个专业，管理的对象也由原来的班组员工变成了

班组长，同时又需要对分管的多个班组内的技术骨干有非常深的了解，这样才便于开展工作，才能准确判断各班组长的工作安排是否合理。对上司，部门副职直接面对的是部门的正职，同时公司的副总经理有时也会在一些会议上直接给部门副职安排工作。因此，部门副职只有做到到位而不越位，妥善处理好其中的关系，才能更顺利地开展工作。

其次，要对二者关系的性质有正确的认识。正副职之间不仅仅是上下级关系，更是需要彼此高度合作的工作关系。部门的工作离不开正职，也离不开副职，更离不开部门中每个员工的共同努力，没有哪个岗位是可有可无的。

再次，要明确正副职不同的定位与职责。正职的职责是通盘考虑部门整体工作，充分发挥每个岗位的作用，并带头行动、攻坚克难。副职的职责是在通盘考虑部门整体工作的基础上，找准自己的定位，主动辅助正职做好有关工作。相对来说，副职在考虑工作时要比正职复杂一些，因为他们既要通盘考虑工作，又要找准自身定位，既不能越位也不能缺位。

最后，副职要主动。副职要主动考虑部门的整体工作，主动向正职建言献策，主动承担重任，为员工起到示范作用。

总结一下，副职要做到以下三点。

一是决策不越位。遇到需要决策拍板的事，副职可以积极提建议，主动参谋，但绝不能自己一个人做决定，这是职场大忌。

二是落实不缺位。当决议形成后，无论对决议持何种意见，副职都要毫不迟疑地贯彻执行，绝不可因自己的好恶、喜怒影响决议的执行。很多时候，正职掌握的信息资源更多，考虑问题时往往站在全局的角度，谋划长远；而副职则经常只从自身分管的工作考虑，所以副职要尊重经验以及信息资源的差异。副职只有意识到这个差距，才能主动换位思考。

三是协调好各方面的关系。副职在协调与各方面的关系时：对上司要服从，坚决贯彻执行有关部门的各项方针政策，做好归口管理工作，对存在的疑难问题，要及时沟通协调；和同级别的同事相处，要相互尊重，在力所能及的情况下主动支持，彼此坦诚相见、增进了解，经常沟通，做到分工协作、浑然一体；对待下级要公正公平、真诚相待，提高亲和力，提升执行力，增强凝聚力，既要加强督查，敢于较真，又要对下属关心爱护。对工作中遇到的困难和问题，副职要及时出面协调解决，主动向前一步。

想要把工作干出成绩，靠的是管理者的带头和指挥，"火车跑得快，全靠车头带"。如果一个单位的正职与副职的关系处理不好，不只是影响团结，形成内耗，还会使下属"闹派别、搞分裂"，贻误工作。只有找准定位、齐心协力，才能多方共赢。

我们来回答本节开头的问题。A 选项是比较被动的做法，说得严重一点就是渎职。B 选项是较为中庸的做法，其存在的问题是没有进一步深入了解，工作浮于表面。C 选项是越级汇报，是绝对的职场大忌。D 选项是比较主动的做法。通过层层深入调查，我们会得到更多的信息，也会拿出更合理的方案，是推荐的做法。

5.2

奥卡姆剃刀定律：为什么新官上任三把火反而要克制

选择题：新官上任，朱九戒憋了一口气，立志要把入职头几年因懵懂失去的机会追回来，干出一番样子。九戒认真观察了一下所分管专业之间的协调过程，发现在专业交叉的工作中，由于确实存在一些职责交叉的地方，不同专业班组长之间反

复扯皮，这造成不少无谓的消耗。九戒觉得，这种情况必须改变。如果你是九戒，
会选择以下哪种做法？

A. 作为管理者要有担当，遇到了扯皮推诿造成的工作失误，说明管理出了问
   题，要对相应的职责更加细化。同时，对于不同专业间的交叉环节，要做
   好分工，并签字确认，便于追责。

B. 先梳理一下流程，再了解一下兄弟单位的相关做法。在此之后，私下找各
   专业的班组长谈话，让他们拿出合理的方案。最后再综合意见通盘考虑，
   进行相应的改变。

C. 存在的就是合理的，还是低调一点好，真遇到了问题再处理。

D. 看破不说破，这种情况都持续这么多年了，也不急在一时，还是静观其
   变吧。

在管理学上有一个奥卡姆剃刀定律。这个定律由出生于英国萨里郡奥卡姆村的
逻辑学家威廉提出。这个定律通常也被总结为"如无必要，勿增实体"。通俗地说
就是，如果有两套理论都可以解释一件事情，就用简单的那个理论。在逻辑学家威
廉看来，空洞无物的概念或理论都是累赘，都应该被"剃除"。现如今，大家在提到
"奥卡姆剃刀定律"时，更多是取它的延伸含义：把复杂的事情简单化。如果是一
步可以完成的事，千万不要用两步去完成它。

有一个著名的、未经证实的管理学故事是这样的：某日本化妆品公司收到客户
的投诉，说买来的肥皂居然是空盒。于是为了预防生产线上再次发生这样的事情，
这家公司找了一个博士生领衔的团队进行周密的调研及论证，发明了一台 X 光监视
器，去透视每一盒出货的肥皂。同样的问题也发生在我国某地的一个民营小作坊，
他们的解决方案是用一台工业用强力电扇吹流水线上已装盒的肥皂，被风扇吹走的
便是没有肥皂的空盒。

这个故事的真实性很难被考证，但它至少非常准确地体现了奥卡姆剃刀定律的精髓。

新提拔的干部一般都会上演"新官上任三把火"，这三把火有对人的也有对事的。对人，很多新提拔上任的管理者会通过抓典型来立威；对事，很多新手管理者希望能够通过改变一些旧有的"不合理"流程来提升自己的管理权威。朱九戒在做班组长的阶段就犯过违反奥卡姆剃刀定律的错误，比如为避免出错，人为地增加一些审核环节，并要求签字确认。其实增加管理链条，不但拉低了工作效率，而且凭空又增加了在这一环节出错的可能。

从更为宏观的企业架构的层面来看，只要是上规模的现代化企业，无论从横向的范围还是纵向的管理链条来看，都是枝繁叶茂、脉络极其繁复的。有的企业仅管理部门就多达数万人。这种组织架构上的繁杂，对企业的高效运行，尤其是对基层实际开展工作的班组，提出了更高的要求，也给基层的执行者带来了相当多的烦恼。

美国管理学家、科学管理创始人，被誉为科学管理之父的弗雷德里克·温斯洛·泰勒（Frederick Winslow Taylor）提出的科学管理理论的核心就是通过科学的管理、标准化的工作将所有人的职责明确化以提高劳动生产率。

在传统体制下，所有工作都由员工凭经验干，这样的工作效率可想而知。在泰勒之前，企业并不是像今天一样进行流水线式的工作，而是非常依赖熟练工的经验积累，因此企业要发展壮大就有很大的局限性。但在现代企业的发展中，管理者过度曲解了泰勒的管理思想，增加了许多大而不当的流程和制度。流程制度很重要，但是过于复杂的流程很可能使生产效率被拖累，原本可以快速解决的事情需要层层上报、多级审批，反而可能会对企业的判断和快速决策产生负面影响。

可以想见，如果每一任管理者都增加 1 ～ 2 个他认为必要的审核等环节，那么经过多年的发展，流程的复杂程度将不可想象。因此，管理者要克制，要对管理进行深入的思考，围绕企业的真实需求适度管理，为各个环节做减法。

所以，新手管理者尤其要把奥卡姆剃刀定律牢记在心，拨开干扰信息和无关信息，简单看问题。

我们来回答本节开头的问题。A 选项是比较主动的做法，九戒就选择了这种做法。这种做法看起来没什么毛病，但在实际操作的过程中会引起更多的推诿扯皮。光是职责边界界定的书面化，就需要反复拉锯。原因很简单，既然是职责的结合部，就不太容易以书面的方式明确相应的职责，这中间涉及比较微妙的边界感，需要长时间的磨合才能准确判断。

B 选项是比较稳妥的做法，也是在新手阶段比较推荐的做法。

C 选项看起来比较负面，却是很多管理者的实际做法，这个做法在很多情况下甚至比 A 选项会更好。

D 选项和 C 选项异曲同工，不同的是 D 选项包含了更多所谓的江湖智慧。"看破不说破"需要很强的分寸感，一般人难以拿捏，只能是经验老道的人专用。

工作原则中的管理思维：牢记奥卡姆剃刀定律"如无必要，勿增实体"。

管理中增加任何一个流程，都要慎重再慎重。同时我们也要清楚地知道：越复杂的系统越脆弱，也越容易出错。

5.3

热炉效应：任何人触犯"规章制度"都要受到处罚吗

选择题：对于属于服务类企业的供电企业，投诉数量是目前管控非常严格的指标。九戒所在的能源供应公司规定，无论任何原因，每起运检类投诉处罚责任人近千元。这个罚款数额基本占到了员工奖金的一半以上了，处罚还是相当重的。在迎峰度夏[①]期间，因为线路自身的问题（一部分跨河线路未进行改造），供电能力不足，调度部门进行了限电，并因此产生了 15 起投诉。如果严格按照公司规定执行，相应责任人全年的奖金会被扣光。如果你是九戒，你该怎么办？

A. 公司制定的规定，必须严格执行。一个字，罚！

B. 法理不外乎人情，如果真的按这个标准进行处罚，相当于一名农电工一年都白干了，所以不能按这个标准来处罚，可以考虑减半。

C. 具体情况具体分析，这 15 起投诉是线路本身的原因造成的，其根源在于管理部门未对线路进行改造。况且这个用户因停电而投诉，这是管理者下令限电造成的，与线路维护人员没有关系，所以不应该处罚。

D. 这确实是一个棘手的难题，无论罚还是不罚，都可能造成一些不良的后果，所以还是请示一把手。

在一个房间里，燃烧着一个通红的热火炉，无论是谁，只要敢去触碰这个热炉，肯定就会被灼痛，触碰者也会因此得到充分的警告：通红的热炉碰不得！触碰热炉的人，无论是谁都会被烫伤，都会遭受相应的惩罚！这就使得人们在这件事的原因与结果之间建立了联系。这一现象就被称为热炉效应。

简单地说，热炉效应可以理解为"规章制度"在一个组织中是至高无上的，无论是谁，只要触犯就要受到处罚，所谓"天子犯法与庶民同罪"。在这个"热炉"面前，没有人有特权。每一个人都毫无例外地应当遵守这个规则，这样的企业才会有积极的企业文化。

---

① 电力行业常用语，指到夏季电力负荷会达到高峰，这时电力企业会采用一系列措施。——编者注

某公司老板带着一位客户到生产车间参观。走到车间门口时，客户问老板："我没有安全帽可以进去吗？"老板说："可以！"客户问："可是你们的安全标识清楚地写了必须戴安全帽啊！"老板笑着说："没必要这么认真，我们进去又不是干活。再说，那些安全规定就是我制定的，是针对下面员工的。"客户参观完生产车间后，再也没有和这位老板联系。

在滚烫的热炉面前，人人平等，没有规矩，不成方圆。需要注意的是，在运用热炉效应时，要考虑到规则的合理性，体现出"罪与罚"相互符合的原则。

法律是最低的道德标准。社会中的所有人都遵守道德的约束，这个社会可能会变好；但如果人们都违反法律，这个社会必定变差。所以，你违背道德只是会有人骂你，但如果你违反法律，就会被采取强制措施。

企业也一样。企业中的规章制度是企业文化的子集。这个子集包含的是公认的"违反了这些，企业会有大问题"的内容。所以在用人时，如果员工违背企业文化，你应该批评他；但如果他违反规章制度，你必须惩罚他。唯有如此，才能形成积极向上的企业文化，整个企业才能向好的方向发展。

热炉效应规定了我们每个人该做什么、不该做什么。那么究竟运用好热炉效应需要坚持哪些原则呢？

第一，警示性原则。

热炉从外面看上去红彤彤的，不用摸就能感受这个热炉能烫伤触碰它的人。所以管理者首先要明确企业中正在执行的规章制度有哪些，正所谓："不教而诛，则刑繁而邪不胜；教而不诛，则奸民不惩。"这是《荀子·富国》中的话，意思是：不教育就诛杀，那么刑罚繁多也压不下歪风邪气；光教育而不实行刑罚，这样做坏事的人就受不到惩戒。所以，要让员工明明白白地知道，什么能做，什么不能做，能做的要做到什么标准。如果规章制度和工作目标平时"躺在文件柜里睡大觉"，上司突然某天心血来潮拿出来说"你哪里哪里做得不对、不好"，肯定是难以服众的。所以热炉效应的第一条原则就是警示性，要提前告知、明确要求，一定要不断宣传、公示规定。

关于警示性原则，老祖宗给我们做了一个很好的示范，这就是著名的"孙子训妇"的故事。

为考察孙子的统兵能力，吴王阖闾挑选了 100 多名宫女让孙子操练。孙子把她们分为两队，由吴王的两位宠姬担任两队的队长，让她们全部持戟。孙子命令她们："你们知道你们的心口、左手、右手和背的方向吗？"宫女们说："知道。"孙子说："前方是按心口所向，左方是按左手所向，右方是按右手所向，后方是按背所向。"宫女们说："是。"规定宣布清楚，便陈设斧钺，当场重复了多遍。然后用鼓声指挥她们向右，宫女们大笑。孙子说："规定不明，申说不够，这是将领的过错。"又重复了多遍，用鼓声指挥她们向左，宫女们又大笑。孙子说："规定不明，申说不够，是将领的过错；已经讲清而仍不按规定来动作，就是队长的过错了。"说着就要将左右两队的队长斩首。吴王从台上观看，见宠姬将要被斩，大惊失色，急忙派使者下令说："寡人已知道将军善于用兵了。但寡人如若没有这两个宠姬，吃饭也不香甜，请不要斩首。"孙子说："臣下既已受命为将，将在军中，国君的命令有的可以不接受。"于是将两位队长斩首示众。当孙子再次击鼓发令时，众宫女前后左右，进退回旋，跪爬滚起，全都合乎规矩，阵形十分齐整。

第二，即时性原则。

碰到热炉时，触碰者立即就会被烫伤。相应地，惩罚也必须在错误行为发生后立即进行，不能拖延，决不能有时间差，这样，员工才会把惩罚和错误紧密关联，形成条件反射。同样地，员工表现出色要及时表扬，让员工知道自己哪里做得好，并且激励员工在今后工作中保持更好的状态。

第三，一致性原则。

你这次摸热炉会烫手，下次摸热炉还是会烫手，从不例外。同理，规章制度的执行也必须前后一致，不能左右不定，否则会让制度成为摆设，失去作用。

第四，公平性原则。

无论是谁，碰到热炉都会被烫伤。企业管理中的各种规定在执行时要一视同仁，规章制度执行时的大忌就是"刑不上大夫"。如果规章制度对一部分人严格，对另一部分人宽松，那么比没有规章制度更糟糕，"天子犯法与庶民同罪"就是这个道理。表扬和批评的过程中，更要遵守公平性原则，管理者对所有员工要一视同仁。

运用热炉效应时，我们首先要懂得区分企业文化和规章制度，然后遵循四个原则：警示性原则、即时性原则、一致性原则、公平性原则。要用规章制度限制企业内部的权力。

我们来回答本节开头的问题。

A 选项是法家的做派，说起来容易，做起来难。即使没有做过管理，也很容易推测出，做出这个决定后，员工一定会死缠烂打，甚至大哭大闹。事实上，和大多数人推断的类似，九戒在选择这个做法后，当事人多次、反复找各级上司进行了交涉和申诉。

B 选项的问题在于，既然可以处罚一半，那为何不是处罚四分之一，或参考其他比例。管理者一旦有了这种自由裁量权，就会让更多人找各种各样的理由来向管理者申请这种自由裁量。

C 选项有着和 B 选项类似的问题，所有故障、所有投诉都有原因，如果可以找理由免受惩罚，可能每个当事人都能找出理由。那么你该信哪些人的理由，不信哪些人的理由？你又如何跟那些不信他们理由的人解释？

D 选项容易被一把手看成"踢皮球"的做法。

尽管全数处罚会带来一些问题，会承担很多压力，在"民风彪悍"的基层甚至可能引起武力冲突，但九戒仍然选择了这个做法，不是因为这个做法是最好的、最合理的，而是因为 A 选项相对于其他选项来说是最可控的，也是引起负面效果最少的。可以这么说，只要咬牙挺住了这一波"攻击"，其他的所有处罚都不在话下了。

5.4

多班组协调：如何协调所分管的不同专业

选择题：作为部门的副职，朱九戒发现自己所分管的几个专业班组之间相互配合得不太好。某班长反映其牵头的事务不好协调，其他班组不配合；问到其他班组长时，他们也是各有一大堆理由。如果你是朱九戒，遇到这种情况，你觉得应该怎么办？

A. 一动不如一静。因为自己被提拔的时间不长，刚成为部门副主任，也不好批评其他前不久还都是和自己平级的班组长，先静观其变。

B. 必须树立管理权威。对于不配合的班组长，务必进行严肃批评并纳入考核，体现在月底的奖金发放上。

C. 请示部门正职。一方面正职更有经验，另一方面如果私自做了处罚决定，正职知道之后如果不赞同，反而会心生芥蒂。

D. 向其他几个班组长私下了解一下情况，同时对几个班组交叉的工作进行研究，搞清楚不同专业班组之间交叉的地方，理清职责界限，有的放矢地进行工作分配。

管理者要注重任务安排的明确性，并在任务中及时给下属提供指导，主动检查下属反馈的情况。在有多班组、多专业协调的工作中，管理者更要明确过程反馈的时间节点，避免工作中出现真空地带。

首先，要统一思想。管理者要向所分管的不同专业班组明确相互配合的重要性。缺少工作配合会让所有专业班组的工作都受到拖累，可谓损人不利己。

其次，明确考核机制。管理者对任务的考核要看最后整体完成情况；在任务拖延、完不成时，部门要对所有相关专业班组都进行考核。只有这样，才能促进相互之间的配合，变推诿扯皮为主动配合。

最后，明确团队评价的关注点。管理者要对不同专业的班组长明确指出，在本部门中最不应该发生的就是多个专业班组之间的推诿。任何事情，如果班组之间没有协调好，主任这个层面一定会同时批评这两个专业的班组长。有了这种明确的要求，在工作中，多个专业班组之间就会倾向于进行主动协调，把问题解决在内部。

值得注意的是，在生产部门中，一些老员工和班组长对技术好的管理者是比较服气的。这就是我们常说的"技术工人脾气怪，只服技术不服帅"。这个"帅"是指组织者、管理者。因此管理者要在自己已经精通某专业的基础上，进一步学习分管的其他相关专业的知识。只有这样，在工作组织及班组长和你讨论相关分工时，你才能更加胸有成竹，才能以理服人。

经过上面的分析，针对本节开头的题目，D 选项很明显是最合适的。A 选项是太过被动的做法；B 选项的风险在于如果自己确实对业务都不了解，进行错误的批评可能会引发冲突，对新管理者造成较大的伤害；C 选项看似安全，但对实际能力的锻炼以及你在正职心中的评价都是不利的。

5.5

布置工作说"五遍"：管理升级，如何高效布置工作

选择题：朱九戒是部门的副职，他给分管的班组长安排了一项工作，几天了都没有消息。一问之下，这位班组长告诉九戒，这项工作因为各种原因完不成了。如果你是九戒，你该怎么办？

A. 自己生闷气，才当管理者，也不适合严厉批评人。

B. 大发雷霆，让其他人都知道你不是好惹的。

C. 当即给这位班组长定个时限，再完不成一定要他好看。

D. 把任务再布置一遍，同时让对方复述一下你的要求，并明确时限。

成长为部门管理者后，你面对的管理对象也是管理者，管理方式也相应需要有一个大的转变。因为这个时候，你需要通过两个层级的管理来实现工作目标。高效的工作安排，是执行层面完成任务的保障，也应该是每一个管理者的必修课。另外，管理者保证下属准确及时地完成任务是最基本的工作职责，这既保证了企业内部团结一致，又能提高下属的职业自信。如何高效布置工作？在提倡精益工作的日本有一个经验可以借鉴，这个经验可以被总结为一句话：布置工作说"五遍"。

布置一项工作要说五遍，这五遍是简单重复五遍吗？肯定不是那么简单。

说第一遍时，管理者要告诉员工这项工作需要做什么。在这一遍中，管理者就

要明确提出工作结果，并且提出的工作结果一定要符合SMART原则①，即不能模棱两可，要明确具体，可衡量、可考核；工作的目标要能达成，要符合实际，不切实际的目标是没有任何意义的；工作目标的完成一定要有助于相关工作开展；同时，还要明确完成工作结果的节点，包括完成和考核的时间。

需要特别强调的是，管理者务必让员工明确整体工作完成的时间节点；如果工作量大或难度较大，需要将工作划分成多个阶段，管理者同样要明确各个阶段的时间节点，要求员工在完成相应节点的工作后，第一时间向管理者报备，以便让管理者掌握工作开展的进度。

第二遍是员工在听完工作安排后自己合上本子重复一遍。这个步骤非常有必要，可以避免管理者和接受任务的员工之间产生信息偏差、理解偏差。很多时候，员工并不能清楚地理解管理者交代的工作，经常出现管理者认为员工听懂了，但员工却不懂装懂，导致员工带着疑惑去开展工作的情况。所以好的办法是员工重复管理者交代的工作，管理者确认无遗漏，并鼓励员工提出自己心中的疑惑。

在第三遍中，员工要分析一下这项工作的目的。除了需要保密的工作，管理者一定要向员工明确工作的目的，让其明白所做工作的意义，只有这样才能保证思想统一，而且这还会提升员工对工作的使命感，调动员工及团队的热情和积极性，避免员工只是片面地追求工作结果而忽视工作目的，保证工作沿着正确的方向开展。

在第四遍中，管理者要让员工知道遇到特殊情况时的处理方法，要提前有个预案。在工作开展前，管理者就应与负责人及相关人员交代工作中可能遇到的问题及注意事项。这样做一是让员工做好心理准备，二是员工可以针对这些可能出现的问题，提前做好防范措施。对于员工处理起来有难度的问题，管理者也可以给出解决问题的相应建议供员工参考，或者在合适的时候直接提供帮助。

---

① S 代表具体（Specific）、M 代表可衡量（Measurable）、A 代表可实现（Attainable）、R 代表和其他目标有相关性（Relevant）、T 代表有一定期限（Time-bound）。

　　在第五遍中，管理者要让员工坦率地讲出对所布置工作的想法。管理者一般会觉得自己拥有超越员工的阅历，认为自己是权威，所以对员工布置工作时，总是以一种命令的口气要求员工无条件地执行。殊不知，我们每个人的知识结构都是不同的，也许员工能提出更加行之有效的办法。所以在布置工作之前，管理者也应该让员工参与讨论，了解员工的想法和方案，这样更能起到事半功倍的效果。从心理学的角度来说，参与感能更有效地激发工作的动力。

　　通过这五遍沟通，管理者和员工对工作任务可以在执行前就达成共识，而达成共识是一切工作推进的基础。

　　作为部门管理者，另外一个重要职责就是培养合格的后备管理者。而我们怎么带员工，将来他们成为管理者的时候也会怎么带下面的人。

　　回到本节开头的问题，管理者应该把任务再布置一遍，同时让对方复述一下工作的要求，并明确时限。把文中说的"布置工作说五遍"当成布置工作的模板，这样才能减少管理中的不必要损耗。

5.6

853 原则：如何与上级部门做好衔接，争取更多资源

　　选择题：朱九戒需要牵头为所在的部门争取项目，首先要过本公司这一关，再向上申报，还要过省公司这一关。如果你是他，会选择以下哪种做法？

　　A. 甭想那么远，先把本公司这一关过去再说。

　　B. 两手准备，一边全力把本公司内这一关通过，一边同时联系省里的上级部

门，向上级部门当面汇报。

C. 应该换个思路，苦练内功。在绩效为王的现在，只要项目好，一定会通过的。

D. 企业也是人情社会，还是找找关系。

工作时间分配的"853 原则"

在个人贡献者的阶段，我们更多的是需要做好自己手头的工作，不拖累整个团队的进度；如果能够更进一步，能利用自己的专业优势支持团队中其他成员的工作，做到这一步已经是优秀的员工了。在这一阶段，更重要的是自己干活，我们要用 80% 以上的时间自己做贡献，用剩下的时间提供必要的团队支持。

在班组长阶段，我们需要做的事是把所有班组成员的积极性调动起来。在这一阶段，更重要的是大家一起干活，我们自己亲自做工作的时间不应该超过自己全部工作时间的 50%，如果超过了，我们就不是合格的班组长。

在部门主任阶段，我们最重要的工作是协调各专业班组之间的工作，避免内耗。在这一阶段，我们亲自完成的工作量不应该超过自己全部工作量的 30%，如果超过了，我们就不是合格的部门主任。另外，在部门主任这个阶段，我们还有一项重要的工作，就是为整个团队争取上级部门更多的支持，争取更多的资源，这项工作的重要性超过了其他工作。一个简单的例子就是，即使内部工作做得再好，如果整体的蛋糕没有做大，分配的过程中一定会出现矛盾。如果能够争取到上级部门的更多支持，开拓更多外部资源，也就是将本部门的整个蛋糕做大了，这会极大地缓解内部分蛋糕时的窘境。

向上级部门争取资源要分三步走。

第一步，做好内控。这里说的内控是指将部门内部的工作妥善完成，同时避免与其他部门推诿扯皮，甚至在一些情况下可以策略性地主动承担一些有争议性的工作。

第二步，找对事情。所谓找对事情，就是抓住上级部门或上司关心、关注的主要工作或中心工作，就是我们常说的抓主要矛盾。最简单的方法就是，认真研究上级部门下发的每一份文件、每一次公开会议上主要上司的讲话稿。找对事情后，我们还要提前做好功课，准备的材料要突出重点，把握关键点。以争取电网改造项目为例，彼时上级部门格外重视一些贫困村的线路改造问题。因此，在电网改造项目中，涉及贫困村的项目势必会得到更多的关注和重视。另外，在对项目必要性进行说明时，我们也应摒弃以往简单列举符合条件这样单一的方法，而要合理结合高危企业以及消防安全进行说明。

第三步，找准人。我们要抓住关键性人物，这里的关键性人物包括但不单指上司，也包含关键岗位上的一些专责和主管。能否做好他们的工作，对争取资源顺利与否有很大影响。

我们来回答本节开头的问题。

A 选项的做法过于短视，如果能够像 B 选项一样，两手准备，并行不悖地开展工作，可能会获得一些意外的优势。比如，如果能得到上级部门口头或书面的支持，哪怕只是一个邮件表扬，在本公司内部的评审中，也是比较强的加分项。

C 选项也是某一类职场人士的常见选择，只埋头拉车，不抬头看路。而 D 选项的方法则走向了另一个极端，B 选项和 D 选项结合在一起会是更优的实操做法。

但我们也要避免为凸显上级部门支持而"拿着鸡毛当令箭"的一些做法。朱九戒在工作中就犯过类似的错误。九戒直接去找本公司负责项目评审的副总工程师，向其说明这个项目已经得到了上级垂直部门的支持。副总工程师听完后，也只是淡淡地表示知道了此事，在后续公司内部的评审中并没有因此对九戒部门的项目加以重视。可见，如果没有比较确凿的证据，仅仅是在口头上表示自己的项目已经得到上级部门的支持，可能会引起他人的反感。所以，在使用这个方法的同时，我们要提供相应的证据支撑，否则有可能会弄巧成拙。

与一把手的关系：如何维护好职场中最重要的关系

选择题：新入职不久的员工小刘的舅舅的同学是小刘所在部门一把手的好友，小刘的舅舅也是在同学会上才知道的，后来在家庭聚会时告诉了小刘。对于这种关系，小刘应不应该利用？

A. 这种拐了几道弯的关系，用处不大，还是不提为妙，免得贻笑大方。

B. 关系嘛，有比没有强。还是找个合适的机会提一提。

C. 这种关系该不该利用，看上司的性格而定，不能一概而论。

职场中最重要的关系就是和一把手之间的关系，这里的一把手是指你所在部门的正职。当然，如果你能得到公司一把手的认可，自然最好，但一般人不太容易在短时间内做到这一点。因为稍有规模的企业，员工有上千人，别说普通员工，即使是各部门的副职，可能一年都和公司的一把手说不了几句话。我们在这里讨论的是和部门的正职之间的关系。

无论作为普通的班组成员、班组长，还是部门的副职，在职场这个小圈子里，最重要的关系都毫无例外的是与所在部门的正职之间的关系。当然对于一些工作地点分散的部门，这一点上有一些区别。工作地点分散的部门，其一把手基本上看不到基层员工的表现，这时候他更倾向于通过班组长来了解基层员工的情况。但对于所有办公地点都在一起甚至在一层楼的部门，部门的一把手更倾向于相信自己的观察。

要想和一把手关系密切，不同的人有不同的方法，但一无背景二无其他特殊资源的普通青年，更应该从上司的底层需求进行分析。

首先，我们要知道在一把手心中最紧要的是什么。这一点就有很多不同的情况，据此我们大致可以把领导者区分为进取型领导者和守成型领导者。前者一般有一定的年龄优势，通俗说就是还有继续升职的可能。那么对于这一类领导者来说，他的第一要务就是出业绩。而后者的第一要务是平稳，不求有功，但求无过。

如果你跟随的是进取型领导者，你就必须做好吃苦耐劳、经常加班的准备，而且一定要多琢磨是否有亮点工作，能够给整个部门增光添彩；如果你跟随的是守成型领导者，那么你做任何决策时，包括提建议时，都要偏保守。但是无论是哪一类领导者，他们都有一个共同的基本诉求，就是部门内的基本工作不能出现大的错误。

所以，与一把手搞好关系不能从"搞关系"的思路出发，而要先从完成工作任务这个思路出发。在完成本职工作任务的前提下，我们才有资格去谈与上司搞好关系。任何一位上司，都不会对连基本工作都做不好的员工有好脸色的。

指望通过搞好关系降低自己的责任压力是没有出路的，这样做很难与上司建立信任。

其次，在历经千辛万苦与上司建立了初步的关系后，我们此时反而应该更加清醒，不能洋洋自得。我们必须认识到，和上司的关系中有三个禁区千万不可乱闯。在与上司相处时要做到三个"不"。

一是不做上司的密友。

毋庸讳言，上下级地位是不同的，而发展亲密关系会让这种上下级间的地位感模糊化。这在一定程度上可能会重构上下级之间的工作关系，而关键是你不知道你的上司对这种重构是否认可。

上下级之间建立友谊是很正常的事情，但是友谊过深，过多地介入上司的秘密，却是不可取的。比如，上司告诉你一个秘密，可能一开始你会因为上司拿你当密友、无话不说而感到很荣幸，但是，如果秘密被泄露，就算不是你的错，你也难以洗清自己，这个时候你们的密友关系便会尴尬。

二是不与上司称兄道弟。

如果你的上司非常器重你，经常带你出席各种饭局，还介绍你认识他的很多同学、朋友，也许你发现你可能正在成为上司的朋友或哥们儿。

但是你千万不要头脑发热，拿上司当"兄弟"，甚至和上司称兄道弟。要记住，与上司保持合适的距离对自己是有益的，你应该把握好尺度。任何一位上司都希望和下属保持良好关系，希望下属对他尊重、服从、喜欢。但是，他是不希望平等化取代和下属的上下级关系的。作为领导者，他必须保持相当的威信，否则他会有不安全感。

三是不在上司面前倒苦水。

千万不要在上司面前随意发牢骚。不要认为自己与上司关系好就可以对工作中的事随便发牢骚，次数多了谁都烦。如果你经常在上司面前流露出负能量，这就足以让原本认可你的上司不得不重新认识和考察你。

当然，如果真的能够和自己的上司成为朋友，这说明你已经有一定功力。但你要牢记，和上司之间朋友关系的最佳状态是工作上的挚友、生活中的净友。如果你能巩固上司在单位中的地位，也就是时刻维护上司的权威，那你就是他最好的朋友，这会让你的职场之路越走越宽。

　　我们来回答本节开头的问题。A 选项的前半句是正确的，这种拐了几道弯、没有直接利益联系的关系，实际用处不大；但 A 选项的后半句是不对的，这种关系可以提及，但是要分场合，有了合适的时机才能提。比如某次在非正式场合的饭局上，聊天时恰恰提到了相关的人，就可以不着痕迹地带说一句。所以 B 选项是正确的。C 选项中的区别对待不同性格的上司的做法，走入了一个误区。你要明确，无论哪种性格的上司都不会反感对工作负责、力争上进的下属的主动示好。

第 6 章

从部门负责人到企业负责人（上）
叩开高阶管理的大门

6.1

企业负责人第一课：要把自己当上司，但不能太把自己当上司

选择题：朱九戒刚来到县级能源供应公司，某供电所所长找到九戒，表示他们供电所的两辆车都是旧车，而且经常坏，一坏就容易耽误工作，下面的员工老是找他抱怨，还说他给所里弄的两辆车都是旧车、破车，他也觉得这很耽误工作，希望调配换一辆新车。九戒随即向分管后勤的副总了解了一下情况，得知这个供电所的车都是在 3 年之内新购的，其中 1 辆车因为缺机油，报废了一个缸体，维修花了 1 万多元，这完全是人为责任。如果你是九戒，你将怎样回复这位供电所所长？

A. 对其进行批评，特别要对人为原因造成的车辆损坏进行追责。

B. 安抚一下，委婉地指出其车辆损坏是人为责任，并强调如果车辆保养得当，就不会频繁出现故障。

C. 尽最大努力与后勤部门协调，为他们置换一辆新车。

D. 给他们设定一个目标（例如迎峰度夏期间零投诉），完成之后，为他们置换一辆新车。

一定要把自己当成上司

我所在的企业，县级公司的管理者虽然级别不高，但应对的面广，工作范围

宽，管理的人数多、职责大，因此，到县能源供应公司管理生产，就要把自己当作公司管理者，站位要高，考虑问题要周全。这里所说的站位高，是指要突破自己所分管的领域，站在全公司的范围来考虑事情，突破岗位和分管领域的限制。

老祖宗有句话说得好："不谋全局者不足谋一域，不谋万世者不足谋一时。"站位的高低对管理者来说至关重要，特别是主要管理者的站位，往往决定了对工作标准的要求，在一定程度上也决定了对结果的要求。

只有站位高了，高屋建瓴，胸中有丘壑，我们才能决策准确，才能把纷繁复杂的事务梳理好，才能真正做到运筹帷幄，决胜千里之外，实现管理水平的综合提升，才能使工作有前瞻性、科学性和针对性。

不要太把自己当成上司

你不要拍脑袋指挥，要舍下身子自己干。

管理者不应该太把自己当领导者，别太拿自己当回事，要在思想深处充分尊重下属，倾听下属的意见。任何人都不会讨厌一个低调而谦虚的领导者。

正确处理好四种关系

第一，"机关"与"基层"。

一般来说，机关也就是管理部门是掌握方向的，务虚的工作偏多；基层单位是抓落实的，做具体工作的，工作中更多的是务实。在管理实践中，现在有一些管理部门，指挥不科学，无章法。其主要表现为管理缺少连贯性，朝令夕改，基层员工疲于奔命；更有甚者，在订计划和布置工作时不考虑基层实际，自己不作为，却逼着基层有所作为。作为公司的领导者，作为生产的管理者，其主要任务就是使机关与基层协调高效运转，减少内耗。

第二，"务虚"与"务实"。

管理部门是掌握方向的，务虚的工作偏多。但这绝不是说管理部门不需要务实。目前的实际状况是，某些行业的管理部门从上到下都喜欢务虚，务实的人凤毛麟角。很多管理者不能正确处理权力与服务的关系，喜欢居高临下，以所谓的"把关""监督"为己任，对基层单位和员工提出的问题总是推三阻四，久议不决，甚至最终不了了之，他们没有把服务基层、服务员工看成应尽之责。

要做到少务虚、多务实，关键是摆正关系，端正态度。"水能载舟，亦能覆舟。"管理者要清醒地认识到权力是基层给的，要摆正权力和服务的关系，时刻想着如何服务好基层，毕竟工作是大家一起干出来的，只有服务好基层，才能减少消耗，让基层将更多的精力放在更实际的工作上。

第三，"落实"与"扎实"。

管理者只有营造好扎实的作风，才能顺利把工作落实下去。工作中需要抓落实的事情很多，作风不扎实无疑是工作中的大忌。管理者要避免短期化行为作祟，忽视长远建设和基础性工作。基层工作不同于上级部门的管理工作，基层中有无数意想不到的工作，所以在工作中绝对不能想当然，绝不能"决策靠拍脑门"，只有脚踏实地，以扎实负责的态度去抓工作，以求真务实的姿态去抓落实，才能使各项任务、目标真正落到实处。

第四，"到位"与"走位"。

对于我来说，想做好县级能源供应公司的管理工作，就要重视实践，走到位，更要抓到位。走到位能了解实际的情况，但仅仅走到位是远远不够的，对于有些工作，管理者不上手自己掂量掂量，很容易眼高手低。有些工作的不到位，从现象上看是考虑不周、计划不细、措施不力、抓得不紧造成的，但根源是观念的淡漠、责任心的缺失以及理想信念的偏差。管理者只有以身作则，以钉钉子的精神盯到位、抓到底，才能真正把工作做到位。

我们来回答本节开头的问题。

A 选项是法家管理者的做派，对于在一个单位深耕多年、有威信的管理者来说，采用这种方法有时效果会不错，但根基不稳的空降管理者需要谨慎使用这种方法。

B 选项是比较温和的管理思路，但没有给下属解决实际的问题。

C 选项也是我们一直提倡的、用解决问题的方式来推动管理的一种做法。如果管理者真正给基层单位解决了实际困难，那么在工作中一定会减少相应的推诿扯皮。举例来说，如果该供电所某次真是因为修车而耽误了抢修作业，引起用户投诉，这就给管理者自己出了难题。这时如果进行处罚，下面的人肯定怨声载道，甚至产生逆反心理；如果不进行处罚，管理者就是违反了自己定的规章制度，同时也有可能造成其他供电所的效仿，纷纷在用户投诉后找相应的理由。好的管理者的做法是尽自己最大的可能将车辆问题解决。这样无论是于公还是于私，基层的供电所所长都没有任何理由推诿扯皮，只能想尽办法把工作做好。

D 选项也是可选的做法之一。

6.2

抓大放小管细：接受犯错让下属干，还是撸起袖子亲自干

选择题：朱九戒在县级能源供应公司管理这个超百万人口供电规模的电力企业的安全生产。他所分管的部门繁多，而且其分管领域内的事无巨细的人财物，都需要他来决策。他经常忙了一天后发现成效非常不明显，如果你是九戒，会怎么做？

A. 还是等等看，刚接手工作肯定有一个熟悉的过程，等熟悉了一定会提高效率，相信日子会越来越好。

B. 不能事无巨细都让分管上司来决策，应该明确规则，进行相应的授权，只有这样才能抓大放小，解决重要的问题。

C. 加班加点，每个环节都不能放松，安全生产有别于其他工作，在任何一个小的环节失误都可能人命关天。

D. 还是请教请教过来人，问问前几任管理者还有其他公司相应岗位的同事是如何进行管理的。

一个超百万人口供电规模的能源企业生产负责人，所面对的问题的多样性和矛盾的尖锐性，是在上级部门任负责人时无法相比的。其区别不仅仅是从单层管理过渡到多层管理，更重要的是，这个岗位需要面对很多技术和业务之外的问题。面对纷繁复杂的局面，很多管理者会不自觉地走向两个极端：要么管理过细，让下属变为被动的执行者；要么管理过于粗放，给了下属过多的自由裁量权。前者容易造成管理僵化，凡事都请示，走向官僚化；后者容易引起廉政风险。如何在两者之间做好平衡，是考验管理者功力的难题。

为避免管理过细造成的管理僵化，管理者可以引入例外原则，也就是高层管理者应该只保留处理例外和非常规的决定权，例行和常规的权力由部门主任来控制。这样，管理者在具体执行层面上就可以做到抓大放小管细。

第一，抓大：只管大事。管理者要在所分管领域的内部明确什么样的事算是大事。在电力生产领域，管理者要明确什么规模的工程由部门主任拍板，什么规模的工程必须由生产部门的管理者拍板。以签字审批为例，管理者要明确多少金额需要部门主任签字，多少金额需要自己签字。只有明晰的规则才不至于让下属产生困扰，增加无谓的负担，才能减少管理内耗。

第二，放小：授权给下属。此处所说的授权和前文所说的例外原则密切相关——非例外即授权，同时这也是培养下属领导力的重要方式，在其授权范围内，管理者轻易不要干涉下属的工作。管理者要接受下属授权范围内决策的失误，把这当成必要的管理成本和下属成长的试错成本。

其中最重要的是，将审批制度变成备案制度。如果下属在处理常规事件的过程中遇到非常重要的决策，管理者应要求下属把具体的做法备案，以便监管。

第三，管细：制定严格的监管制度。很多人一听到监管就往不好的方向联想，其实监管对下属和管理者都是好事。需要注意的是，在监管实施的过程中，管理者要避免监管干扰到下属的正常工作。最成功的监管就是将监管变成下属行动中的自我监督。

我认为，在任何企业中，只有做到高层无为、中层有为、基层无所不为，企业才能大有所为。

我们来回答本节开头的问题。

A 选项是包括九戒在内大多数人的选择。问题在于，有些工作可以等，有些工作不能等，一旦耽误了重要的工作，后面花再多时间都未必补得回来。

B 选项是相对合理的做法，但问题在于制定什么样的规则，规则的度和分寸感的把握需要管理者有极丰富的经验，所谓知易行难。

C 选项中的做法不是特别理想。高层管理者必须给自己留下一定的时间去思考，这样才能够避免自己陷入无穷无尽的事务性工作中，避免忙中出错。

D 选项是可以参考的一种选择，但不同地区的内部传统和文化有较大的差异，也不能照搬。

6.3

发生冲突后怎么办：如何处理与员工冲突后的善后

思考题：作为新晋管理者，朱九戒在开始管理上百人团队后，一直告诫自己要有耐心。然而，和所有失败者一样，超负荷的工作一点一滴地磨去了九戒的耐心。在一次故障抢修指挥中，大家 48 小时没有合眼，此时不同的部门仍在反复扯皮，九戒对施工部门的批评却让该部门的主任彻底爆发了。

"朱总，这个方案经过改变，现在施工厂家除了原来的 8 万元施工费用，还需要电缆以及其他材料费用 16 万元。我们现在是单独核算的，这钱你必须给我。"部门主任在电话里说。

"这个你自己想办法。"九戒没好气地说。

"你这是什么话，我们哪儿来的钱，我们连发工资的钱都没有了。而且，这个图纸你也不应该让我们去催、让我们去拿，你这是瞎指挥。"施工部门的主任大声道。

"这个图纸难道该我去催？"（在前一天，朱九戒带着这个部门的一个员工去上级部门催要图纸）九戒也提高了音量。

"那是你无能，这都是管理部门应该干的事。你无能！"施工部门的主任大吼。

对于一项在上级部门管辖的 220 千伏变电站里的工作，经过与上级部门拉锯式的磋商，在动用了无数私人关系之后，九戒实在是心力交瘁。自己主动牵头带人去催要图纸，反而被骂作无能，九戒觉得委屈。"无能"两个字，像重锤一样，一下又一下地敲在九戒的胸口上，他定定地站着，没有说话。如果你是九戒，你将如何面对这种情况？

作为管理者，与下属的一切冲突，本质上都是管理能力不足。因此冲突发生后，管理者需要亡羊补牢，进行善后。

该部门主任之所以与九戒发生争执，原因在于在这次冲突前九戒就多次批评该部门主任其部门不作为。这个部门主任多次强调自己作为施工部门，把方案拿过来执行就行，其他一切工作都不需要参与。在实际操作的过程中，一些管理部门的工作会被推向基层部门。

作为一名管着好几十人的资深部门主任，在遇到从未接触过的 220 千伏变电站的相关工作时，自然而然地希望管理部门能够把相关前期工作做充分。在这个过程中，除了交流的语气，无论施工部门的主任还是分管生产的管理者都没有错。但不管是否有错，发生了冲突，朱九戒作为管理者必须为之负责。

但"无能"两个字实在是刺痛了这位年轻管理者的自尊。后来，九戒在主动打电话沟通的过程中，不自觉地在言辞中又夹枪带棒地对施工部门的主任进行了暗讽。此时与九戒起过冲突的部门主任自然是破罐破摔，针锋相对，二人再次不欢而散。几小时后，九戒再次主动寻求沟通，这次他心平气和地结合工作任务与对方商讨了工作的环节。对方也消了气，主动表达了合作的意愿，朱九戒主动说请对方吃饭、坐在一起好好谈谈。无论如何，至少在表面上，他们的冲突化解了。

冲突基本上都是突发的，不会给人准备的时间。但管理者仍然要先从确定问题、理清头绪开始介入，只有充分了解到最真实的情况，获取足够的信息，才能采取有效的行动。执行时可以参照以下步骤。

第一，主动沟通，摸清对方的诉求。此时管理者要放低姿态，做到心平气和，这样双方才能冷静、客观地面对问题，确定冲突发生的原因是环境限制还是动机问题，从而对症下药。

第二，充分分析双方的利益，找寻双方共赢点。双方一起分析问题所在、原因所在，让双方看到解决问题（冲突）能给各自带来的好处。这里的好处不只是金钱上的，还有发展、成长、精神等更深层面上的。

第三，保持专注。这一点的重要性怎么强调都不为过。在解决冲突的过程中，当事人常常会转移话题、发飙、冷漠。越是遇到这样的情况，我们越需要保持足够的冷静，充分开启元认知，将方向聚集在当下迫切要解决的问题上。双方要分清轻重缓急，不要试图一次解决所有问题，可以尝试一次只解决一个问题，在解决完当前的问题后，再回到未完成的老问题上。

总而言之，面对突如其来的冲突，保持冷静是第一要事。在发生冲突后，双方一定不能逃避，要主动沟通，分析双方的利害关系等，适时做出判断。当然，为避免双方都在气头上，可以稍微缓一缓，把话说开，主动表达歉意，说"自己对事不对人，都是为了工作"。只要能够主动沟通，并体现沟通的诚意，而且没有私心，双方一定能够消除误会。

6.4

警惕证实偏差：避免掉入思维陷阱

选择题：朱九戒来到县域公司管理生产后，市级公司安全总监每周亲自带人来查安全违章，每周 3 次以上。检查结果从最开始的低级违章，到后来连杆塔拉线的角度都被列入违章。朱九戒的态度从最开始的忐忑不安，到疑惑，再到后来开始抱怨，觉得这是市级公司安全总监在针对他。如果你是朱九戒，你会采取下面哪种做法？

A. 该来的总是会来的，上级部门来检查，只能静观其变。

B. 找机会到这位安全总监的办公室当面汇报一下工作，尤其要汇报一下自己在安全生产方面采取的做法。

C. 向公司的主要领导者反映一下这个问题，请他出面进行相应的沟通。

D. 下次再来检查的时候，和安全总监探讨一下安全检查的着力点，建议他不应该将一些拉线角度之类的违章列入通报批评的范畴，应该先从防人身防触电查起，只有这样才能管好安全，提醒他在安全检查上应该找准重点，先抓低级违章。

美国生物学和心理学家彼得·沃森（Peter Watson）在 1966 年设计了一个四卡片推理测试，后来该测试也被称为"沃森的选择任务"，题目如下。

在桌上放有四张卡片，卡片的一面是字母，另一面是数字。假设你可以看见四张卡片上分别是 E、K、4、7。如果要你检验以下命题的真假，你必须看哪几张卡片？待检验的命题为"若卡片的一面是元音字母（英语中只有五个元音字母 A、E、I、O、U），则另一面为偶数"。

结果发现大部分被试者认为需要"E"和"4"，35% 的被试者认为只需要翻开卡片"E"，仅 10% 的被试者做出了正确判断，这个高错误率的现象引起了众多研究者的兴趣。

从逻辑角度而言，正确答案是翻看"E"卡片和"7"卡片。简单地说，依照待检验的命题"E"卡片的背面应为偶数数字，而"7"卡片的背面不应为元音字母。而 3/4 的被试者都选择错误，这一概率与随机选卡的错误概率相仿。大多数人选择"E"卡片或"E"卡片加上"4"卡片。命题中并未规定偶数卡背面为元音字母，仅规定元音卡背面为偶数数字。偶数数字卡背面为辅音字母或元音字母均符合命题。所以，翻开"E"和"7"可以单独对命题证伪，故需要证实至少翻开"E"和"7"两张卡片。

从上面的实验可以看出，在大多数情况下，人们习惯于从"证实"的角度思考问题，而不愿意从"证伪"的角度思考问题。这也是四卡片推理测试导致这么多人推理错误的重要原因。在证实的过程中会出现不同程度的偏差，这在心理学上被称为"证实偏差"。证实是一种归纳法（大多数情况是不完全归纳法）。对于归纳法得出的结论，我们更应该优先考虑所有"可能证伪的线索"，而不是"可能证实的线索"。

证实偏差，是指一个人一旦确立了某个观点，他在后续收集和分析信息时，会不自觉地寻找支持这个观点的证据，而且会无意识地忽略不支持这个观点的证据。

比如，你觉得上司对你不好，你就会找出很多证据来证实、确认"上司确实对你不好"这个观点，而你会选择性忽略"上司对你好"的证据，形成对上司不客观的评价。在工作后选择购房时机时，九戒就犯过这类错误。当时房价从最低点的位置进入了价格上涨区间。九戒认为以当时的工资收入水平显然支撑不了如此高的房价，九戒认为房价一定会跌。九戒在收集房价相关信息的时候，对于所有预测房价将要下跌的信息，都会认真研读，而对预测房价继续上涨的信息，九戒都会嗤之以鼻。这种行为就是典型的证实偏差。

很显然，证实偏差是一种非理性行为。产生这一现象的原因比较复杂，最主要的原因在于：人类基于保护自己内心自洽的角度，会对认知失调纠偏。

社会心理学家利昂·费斯廷格（Leon Festinger）认为，人类有一种避免认知失调的倾向。当一个人的观念和行为不一致时，会产生不舒适、不愉快的情绪。在此情况下，观念和行为不一致的个体会通过否认新认知或改变原有观念进行调节。通俗地说，就是人在潜意识里都会避免行为与认知的不一致。

我们来回答本节开头的问题。

后来遇到一个非常偶然的机会，朱九戒和另外一个县域公司生产部门的管理者一起聊到此事。他向九戒抱怨，安全总监每个星期都到他们那里检查好几次，简直受不了。而他所在的县域公司也是九戒原来认为安全总监比较偏爱的公司，听了他的抱怨，九戒才知道是自己想错了。但好在，现在意识到还不晚。

6.5

制度问题：不要轻易替下属做更换人的决定

选择题：县域公司下属核心部门的一个专责是一个刚入职一年的女生 G，该女生是"95 后"、独生女。电网生产中有很多工作都是 24 小时不能间断的。而这个女生所负责的一项投诉工作就包含了 24 小时监控微信群中的停电事项，并在 5 分钟内向上级部门的微信群进行报备。这样用户在打咨询电话时，上级部门就能通过已经报备的事项，给予用户准确的答复。这无疑是一项烦琐的工作，相关人员需要时刻关注信息。在这个女孩接手此项工作之前，另外一个早她三年毕业的女生 M 负责此项工作。M 负责此项工作时，一直没有任何怨言，并且还负责了其他相当多的工作，因为工作出色，M 晋升了。女生 G 负责此项工作后，只负责下午下班后到早上这段时间的报备，其他工作仍然由 M 负责。并且在九戒组织的大学生座谈会上征求大家对工作的意见和建议时，G 也提出了这项工作过于辛苦。对比前后两人的工作，九戒起了换人的念头。如果你是九戒，你会怎么做？

A. 没有对比，就没有伤害；同样是女生，前后两人的工作状态天差地别，证

明女生 G 不太适合负责这项工作，可以把她调整到另外一个部门，换一个

男生过来，这样也方便参与现场的一些工作。

B. 还是要谨慎，这样的决定最好还是交由部门主任来做。

C. 在征求部门主任意见的基础上，从培养后备干部的角度来说，还是要下决

心进行相应的岗位调整，这也便于进行人才梯队建设。

D. 初来乍到还是要低调，还是应征求一下总经理，也就是单位一把手的意见。

有这样一个故事。英国将澳大利亚变成殖民地后，为改变当地地广人稀的情况，英国政府就鼓励国民移民到澳大利亚定居。可是当时那里非常落后，没有人愿意去。英国政府就想出一个办法，把罪犯送到那里去。这样一方面解决了英国本土监狱人满为患的问题，另一方面也解决了当地的劳动力问题。还有一条，他们以为把坏家伙都送走了，英国就会变得更美好了。英国政府雇用私人船只运送犯人，按照装船的人数付费，多运多赚钱。政府很快发现，这样做有很大的弊端，就是罪犯的死亡率非常高，平均超过了 10%，其中最严重的一起，一艘船上运送的罪犯死亡率达到了惊人的 37%。政府官员绞尽脑汁降低罪犯在运送过程中的死亡率，包括派官员上船监督，限制装船数量等，这些措施却都实施不下去。最后，他们终于找到了一劳永逸的办法，就是将付款方式变换一下：由根据上船的罪犯人数付费改为根据下船的罪犯人数付费。船东只有将人活着送达澳大利亚，才能赚到运送费用。新政策一出炉，罪犯死亡率立竿见影地降到了 1% 左右。后来船东为了提高罪犯的生存率还在船上配备了医生。

上面这个故事给我们的启示是，很多棘手的情况不是人出了问题，而是规则出现了问题。更何况在隔层管理的情况下，部门主任一定比分管上司更清楚他手下员工的工作状态以及相关制度的执行情况。分管上司仅凭简单的几次接触就想当然地

做出换人决定，这种做法是草率的。更何况如果真的是这个人的工作有问题，从另一个层面上来看，也可能是我们的管理有需要改进的地方。另外，更为重要的是，替下属做换人决定，会极大地挫伤下属的工作积极性，甚至可能为其工作上的失误凭空创造了借口。

直接换人的决定也是对员工的巨大伤害。

有管理学者说："没有不好的员工，只有不好的管理者。"这句似"鸡汤"的话实际却道破了管理的真谛。直接换人这种做法简单粗暴，是不愿意动脑筋的做法。管理者首先要做的是，对"不好的员工"进行全方位、无死角的分析；从多方面了解情况，了解员工内心最真实的想法。管理者直接拿一些陈词滥调来约束"95后"的新青年，一定会失败。

管理者要分析员工执行力差、对工作抱怨的原因。要搞清楚是任务确实困难还是较以前增加了工作量，要搞清楚任务完成的奖励和处罚是否明确，要搞清楚员工在工作过程中需要多部门的配合时是否能得到足够多的支持。

管理者要研究提高执行力、减少工作抱怨的方法。如果确实是设备规模扩大及投诉量增多而引起工作量的增大，应该在考核上对工作量予以体现；如果是在工作中需要多部门的配合，部门主任应该主动提供相应的支持。

总而言之，没有没用的人，只有没用好的人，团队中的员工执行力出了问题或者进行抱怨，管理者首先应该从管理及自身上找原因。

我们来回答本节开头的问题。

九戒用的是A选项的做法，这种做法的弊端在于，一旦换的人不满意或在工作中出了纰漏，部门主任会把所有的责任都推到主张换人的上司也就是朱九戒身上，九戒把自己置于了被动的工作境地。

B选项的优点是可以避免A选项中那种换的人不满意、出纰漏的情况，但缺点在于如果部门主任也没有强烈的换人意愿，对于整个后备干部体系的培养不利。

C 选项是一个可操作性比较强的做法，但更优的做法应该是创造条件让部门主任主动提出需求，请上司协调换人。

D 选项看似安全，实际上是最差的选项。这种所分管领域内的后备人才体系培养，还是要由分管管理者来做规划。另外，事无巨细地请示一把手，也是不担当以及没有能力的一种体现。当然，如果你恰恰遇到的是一种"控制狂型"的一把手，那么你要调整相应的思路，在做决定前还是要多汇报。

6.6

拔河实验：布置工作一定要责任到人

选择题：上级单位布置了消防大检查工作，朱九戒在会议上对文件专题进行了传达，安排专业部门"安全监察部"牵头对此项工作进行分解和督促，并形成书面材料，在规定的时间节点前报上级部门。如果你是朱九戒，在安排完此项工作后，会选择下面哪种做法？

A. 明确检查的时间节点，亲自牵头进行检查。

B. 明确检查的时间节点和具体要求，让管理部门牵头进行检查，自己酌情进行抽查。

C. 明确检查的时间节点和具体要求，让相关责任人书面反馈并签字确认，让管理部门牵头进行抽查。

D. 明确检查的时间节点和具体要求，让相关责任人书面反馈并签字确认，并明确处罚要求，让管理部门牵头进行抽查。

法国农业工程师迈克西米连·林格尔曼（Maximillien Ringelmann）有个著名的拔河实验：当拔河的人数逐渐增加时，每个人所用的力量反而越来越少，并没达到力量累加的效果。拔河时一个人施加于绳子的力量为 63 千克；增加到两个人时，每个人施加于绳子的力量为 53 千克，下降了 10 千克；增加到三个人时，每个人施加于绳子的力量为 31 千克，下降了 32 千克。这就是"一个和尚挑水吃，两个和尚抬水吃，三个和尚没水吃"的真正原因。

《红楼梦》的第十三回"秦可卿死封龙禁尉，王熙凤协理宁国府"中讲述了王熙凤针对宁国府存在的弊端，采取了令行禁止、赏罚分明的手段，治理了宁国府混乱的局面，显示了凤姐卓越的管理才能。凤姐抓住了管理的核心：制度到位、责任到人。可见无论古今中外，责任到人这个观点早已广为人知。既然这样，为何今天的管理者还在强调这一点？经过这么长时间的管理实践，这一条应该早就不是问题了呀。可能有人会说："责任到人之后要看奖惩的执行情况，执行是关键。"其实除了执行，责任到人还有许多要注意的地方。

首先，要明确怎样才算责任到人。

目前，责任到人的惯用做法是，设计表格，在每项工作后面注明时间节点和责任人；签订责任书，对工作提出条目式的要求，责任人在后面签字甚至按手印；公示个人和团队的责任书，以公示来倒逼责任的落实。

上面的这些做法，只是在形式上完成了责任到人，实际操作过程中有时还会出现大量的推诿扯皮现象。其原因在于，很多工作存在责任结合部，也就是说一项工作与两个或多个部门都有关系，在这些领域出了问题，在考核追责时多个部门就会吵成一团。

其次，要找到目前责任制不完善的原因。

第一，责任过多、过泛。在具体的管理实践中，责任到人被常态化地进行了使用。部门不论高低、事项不论大小，一概责任到人。以九戒所在的生产管理部门为例，仅仅在运检部牵头的工作中，每个月要求供电所责任到人的工作就多达 8 项，一年下来数量更多。且不说这些责任能否真正落实，单说每项工作的责任内容、责任时限，恐怕责任人都很难记清楚。久而久之，所谓的责任到人也就变成一种上下都心照不宣的形式主义。

第二，罚多奖少。责任意味着义务，对不履行义务的情况，管理者一定要进行处罚。但有义务，就应有相对应的权利，只谈义务不提权利，只有大棒，没有胡萝卜，一定会挫伤员工的积极性。

第三，责任转嫁，推卸责任。一些上级单位，为了推脱责任，将本级应履行的管理责任推卸到下级单位，说是"责任到人"，实则将责任推卸到下级单位，转嫁给个人，这导致了管理逻辑的混乱，并引起管理者将责任层层下推的不良风气。

管理者在分解工作目标，将大的目标拆解为小的目标并责任到人后，还必须有步骤、有节点地检查相应责任的落实情况。有的管理者会把这类检查当成一个处罚的机会；而优秀的管理者会把此类检查变成"二次激励"。

管理者要明确告诉责任人，你将安排管理部门的专业人员定期对责任的落实情况和项目的进展情况进行检查。在这里需要注意的是，要在布置任务之初就明确检查时间和检查方式，不要搞突然袭击。同时，检查方式要尽量使用量化的手段，检查的结果要公开。

综上所述，要想责任到人，就要树立起真正的责任观，精简责任事项，科学准确划分责任，切实做到赏罚分明，让那些应该责任到人的事项可落实、能落实、真落实到人，只有这样才能把这个好的管理手段真正用好。

我们回来回答本节开头的问题。

一定有人会说："最好的方法应该是明确检查的时间节点和具体要求，让相关责任人书面反馈并签字确认，并明确相关的处罚要求，让员工自己进行全面检查。"这个解决方案在观念上是无比正确的，消防事关生命，容不得一丝马虎。所以无论工作再忙也应该进行责任明确，全面检查。这些都是对的，但实际上做不到。作为自认为工作效率尚可的十余年职场人，九戒目前的工作状态远超"996"。九戒每天工作超过 12 小时，半夜三更去抢修现场更是家常便饭。在这种工作强度下，员工是无法做到上面所说的全面检查的。

一定又有人会说："没有要求所有的工作都进行全面检查，对于这样特别重要的工作必须全面检查。"但实际情况是，无论前期的勘察设计、施工方案的审核，还是计划的安排，现场的施工，每一项工作都无比重要，因为任何环节出差错都可能是人命关天的事。所以最合理的方式应该是 D 选项，再补充上管理部门一把手自己进行不定期的随机抽查，保持威慑力。

工作原则中的管理思维原则：再好的管理方法在使用时都要克制，避免成为形式主义。

即使是责任到人这样好的管理方法，也要避免不加甄别地使用。责任过多、过泛会变成上下都心照不宣的形式主义。同时这也能避免以责任到人为借口进行责任转嫁和责任推卸，避免将责任推卸到下级、转嫁给个人的情况。

6.7

关于越级管理：不要越级汇报，也不应越级批评

选择题：朱九戒从市级能源供应公司来到县级能源供应公司，在方方面面都体会到了较大的差异。和大多数人想象不同的是，越是基层的单位，执行力越强。在县级公司，一些可以通过人员加班加点解决的指标，普遍比市级公司要做得好。但

在另一些方面，比如传统意义上的工作纪律、值班纪律方面，县级公司与市级公司还存在一些差距，连续两次出现了调控值班员未及时发现电压越限造成指标落后的情况，朱九戒对调度值班期间的监控信号监视颇有微词。恰逢调度班长来到九戒办公室签夜班补助，九戒是否该对班长进行批评？

A. 应该批评，因为九戒曾从事这个岗位的工作，有发言权，所以应该直接对班长进行批评。

B. 应该视场合而定，如果没有其他人，那么可以对他进行批评；如果还有别人在，应该找一个没有人的机会对他进行批评。

C. 不应该进行批评，九戒应该直接批评调度主任，由调度主任对班长进行批评。

D. 应该视情况而定，如果调度主任批评的力度能够达到预期，那么九戒就不应该进行批评；但如果调度主任批评班长的力度未能达到预期，九戒就应该对班长进行批评和谈话。

　　即使是管理新手，也都知道职场中是比较忌讳越级管理的。越级管理的弊端体现在很多方面。

　　频繁的越级管理会破坏组织流程的正常运转。成熟的企业一定有责权分明的层级结构，这种层级结构的设置会损失一些效率，但也会减少工作失误。正常工作的开展都是一级管理一级，是有序的。但越级管理破坏了这一规则，同一个人可能会接收到不同的指令，引发混乱。

　　越级管理会极大地降低被越级者的责任感。其原因不言自明，被越级者会认为自己可有可无。生产领域的管理者，尤其要避免越级指挥，因为越级指挥可能会使中层管理者不能掌握所有相关的信息，做出错误的决策，从而影响安全生产。

　　为避免出现越级管理，除了管理者的自律，还应进行相应的制度构建。

首先要完善管理制度。一方面要建章立制，另一方面要有章必行，即严肃制度的刚性执行。有章必行会大大减少组织内的推诿扯皮现象，让各级管理者们各司其职，不用越级管理。管理者，尤其是高级管理者，在组织内要以身作则，有了制度带头执行；同时，要忍受制度不完善带来的效率或效益的降低。在制度修订前，高级管理者不要轻易用提升效率效益为借口破坏制度，即便真的制度跟不上变化，也要慎重权衡，将损失的效率效益当成学费和管理成本，站在更高的视角来决策。

其次要建立真正有效的沟通机制。建立有效的沟通机制不仅仅是设立传统的总经理接待日或指定董事长联络员这么简单，它需要在组织内部通过更先进的信息化手段和管理体系的优化来实现。行政管理方面也可以采用政务公开、建立常态化的调研制度等方式有效解决问题。

最后还可以提前明确可以越级管理的事项。通过公开明确的规则来应对"黑天鹅事件"的出现，相当于做了预案。

从上面的叙述可以看出，要想保证组织的有序和有效运行，管理者必须遵循层级管理的原则，同时更重要的是加强对已有制度的刚性执行。在很多情况下，越级管理是为了提高效率，但作为管理者，创造更好的管理制度和氛围比简单地临时性提高效率更为重要。在工作中，管理者要能够忍受制度和流程带来的效率损失，把它当成必要的管理成本。当然，由于管理的复杂性以及生产状况的多变性，一些越级管理的情况不可避免。对于这种情况，管理者一定要事后进行说明，避免被下属效仿而成为常态。管理者还要在体制机制上不断优化，尽量避免或减少越级管理的发生。

另外需要提醒管理者的是，职场中相当数量的冲突都出现在越级批评中。不进行越级批评，可大大减少上下级之间的冲突。

管理者还有可能遇到的一种情况就是，你的上司当着你的面批评你的下属。有人问："这个时候该怎么办？"如果这位上司和你配合有一段时间了，不是昨天才来的"空降兵",你可以和你的上司说:"这事我来处理,请上司放心,我一定给你满意的答复",这样可以收获下属的感激,有利于事后你找他沟通时对他进行更有效的激励。

经过上面的分析,我们再来回答本节开头的题目,很容易得出不应该越级批评这样的结论,C 选项是正确的,A 选项是错误的。B 选项是在 A 选项的基础上加了限定条件,但整个大前提是错误的,也就是不应该越级批评。D 选项看似合理,也是九戒这种初级的管理新手会选择的做法,但实际上这是管理者带头破坏制度,不利于整个团队管理氛围的构建,是一种只注重短期效益和效率的短视做法。

6.8

选定突破口:刚到新单位,如何打开局面

选择题:万事开头难,朱九戒到了新的单位,作为单位的管理层,亟须打开局面,顺利推动工作。如果你是九戒,会选择以下哪种做法?

A. 新官上任三把火,第一把火要烧到工作纪律上,只有严明的工作纪律才能令行禁止,打造一个高效的团队。

B. 首先要把制度理顺,至少在现有的制度框架下,把现有的制度执行到位。

C. 在充分了解现有业务和现有资源的情况下,找准一个点作为工作的突破口,单点突击。

D. 充分借势,利用主要上司的支持迅速推动工作。

初来乍到，想迅速在新单位打开局面，得到单位干部员工的认可，要选择好突破口。关于为何要选定突破口，原因很简单，我们的资源和精力都是有限的，要在短时间内让工作有成效，只有将现有的资源进行集中，形成单点突击。也就是针对一项任务全力以赴，这样会形成局部优势，提高成功率。那么问题来了，如何找到合适的突破口进行突破呢？

第一，要确定一个目标。只有知道自己想要取得什么，才能够保持正确的方向。要想清楚：在这个岗位上想要取得什么样的成果？在新岗位上的第一年想要达到什么样的目标？只有想清楚了这些，才能确定合理的目标。

第二，要了解现有的业务。只有了解了手中的业务，才能分清楚哪些任务适合作为突破口，哪些任务不适合作为突破口。一些需要以年为单位的长期投入的任务显然不适合作为突破口。

第三，要盘点手中的资源。在明确目标、了解现有的业务后，我们可能会有多个备选的突破口，具体选择哪一个，要根据手中掌握的资源来决定。作为"空降兵"、管理层的新人，你未必拥有或者在短期内未必拥有前任拥有的资源和威信。管理者只有充分了解自己在当前形势下可以调用的人力以及物力资源，才能有的放矢，做到精准打击。

第四，要保证人和。老祖宗说过，做一件事情想要成功，必须"天时地利人和"，而且天时不如地利，地利不如人和。在操作层面，选定突破口之后，管理者要向主要上司以及平行的同级同事寻求支持。管理者要主动释放善意和信息，即使不能得到支持也可以避免无谓的阻碍。

对九戒供职的供电企业来说，线损指标是一个显而易见的，便于不同公司之间进行排名比较的指标。简单地说，线损就是一条供配电线路损失电量的比例。举个例子，一条 10 千伏线路的变电站出口处有一块电表，这块电能表记录了这条 10 千伏线路每天消耗了多少电量。一条 10 千伏线路下面通常会挂接很多公用和专用的配电变压器，给公变用户和专变用户供电。每台公用和专用的配电变压器都会被安装电表，来记录这台变压器消耗了多少电量。把这条 10 千伏线路上所有变压器电表的值加起来，除以该线路的变电站出口电表的电量，就可以计算出线损值。

同时，提升这个指标有比较实际的意义：能够减少企业的电量损失。最后，就难度来说，这项工作属于只要愿意花大量时间，一定能够提升的工作。

基于以上几点，九戒选择了以此项指标为打开工作局面的突破口。选好了突破口，剩下的就是执行了。朱九戒对每一条不合格的线路进行排序，从线损最大的线路开始，给基层部门 3 ~ 5 天的时间先自查，自查后未发现问题的，由九戒亲自带队进行复查。

在这样做之前，该单位推动线损工作基本上是靠专责，由部门专责发通报进行督促。通过实际带队核查，九戒发现有 80% 的线路产生高线损的原因是线台关系不对应，也就是在系统中，某台配电变压器本来不在这条线路上，却被错误地关联到了这条线路上；或者相反，把本该在这条线路上的变压器关联到了其他线路上。这是最低级的失误。前期在做这项工作之前，朱九戒也强调了供电所的人员应对线台关系进行详细排查，并签字确认。但实际检查的过程中，却出现了大量线台关系不对应的情况，这极大地颠覆了九戒的管理认识。有时，管理者认为基础员工可以轻易做好的工作，甚至通过签字确认的形式来明确职责，但实际检查的结果仍然会让管理者惊讶。知道了这一点的管理者，才算是一个合格的基层管理者，也才能对后续安排工作以及检查的力度有准确的把握。

关于线台关系不对应的情况，除了实地核查，通过现有的数据分析也能找到一些端倪。举例来说，管理者可以通过对系统中已有的电压匹配情况来进行相应的逻辑判断。简单地说，同一条线路上的变压器的电压数值是有相应的逻辑关系的。将所有的这些数据收集起来，通过数据分析判断可以发现有的变压器虽然关联到了某条线路上，但实际上电压逻辑关系不对，这样的逻辑关系就极有可能是线台关系错误造成的，可以重点进行实地核查。也就是说，管理者要充分利用已有的数据，对其进行科学分析，减轻工作量，提高效率。只有这样，管理者才能在现有的人力资源状况下，最大限度地提高工作成效。

我们来回答本节开头的问题。

A 选项表面上看没毛病，但对于九戒所在的企业来说，这种做法可能会迅速挑战"刺儿头"。管理者在不了解情况时要慎用这种做法。

B 选项力度不够，仅仅萧规曹随，很容易让想要追随你的人失望。

D 选项低估了在大企业中工作的难度，你所面对的是一批具有丰富经验的职场老人。这些人不是主要上司说两句"请大家支持"的话，你就能轻松指挥的。

C 选项是推荐的做法，在实际运用中效果最好。

6.9

利用好经济考核：不要对义务予以奖励

选择题：线路跳闸是供电企业力求避免的情况，因此线路跳闸率也成了供电企业考核的一个重要指标。朱九戒所在的能源供应公司也对线路跳闸做出了明确的考核要求，线路跳闸 1 次就对负责该线路的设备主任扣发 500 元奖金，同月内如果发生第 2 次跳闸，将加倍处罚。500 元处罚基本上已经占了设备主任当月工资的 15% 左右，力度还是相当大的。本月发生了 2 次线路跳闸，经查，甲线路跳闸是因为一辆货车为避让行人撞上了电线杆，所幸人员没有伤亡，但电线杆被撞断导致线路跳闸，抢修 24 小时才恢复供电，朱九戒到现场进行了查看，保险公司也承诺进行赔款；乙线路跳闸是因为恶劣天气造成了雷击，现场还能看到雷击放电的痕迹。对于这 2 次线路跳闸事故，朱九戒是否应该进行处罚？为什么？

A. 两起都不应该进行处罚，很明显，甲乙两线路跳闸都是非人为因素造成的，可谓是天灾，在这种情况下处罚，一定会挫伤设备运维人员的积极性。

B. 如果当时在制定规章制度时，没有明确规定对上述两种情况进行免责的条款，两起都应该进行处罚。

C. 甲线路跳闸不应该进行处罚，朱九戒作为管理者已经到现场确认了故障的原因，明显是外部破坏造成的，与设备主任没有任何关系，所以不应该进行处罚。乙线路应该进行处罚，尽管是雷击，但是如果对雷击进行免考，在后续考核过程中，会有越来越多的人将线路跳闸归结为此原因，无法准确判断原因，会引起更多人抱怨。

D. 甲线路跳闸应该进行处罚，尽管是外部破坏故障，但是除了比较特殊的外部破坏，其他很多外部破坏是可以通过在电线杆上贴反光贴和通过设立水泥护栏的形式进行一定程度的规避的。乙线路跳闸不应该进行处罚，因为此次线路跳闸是雷击造成的，而且找到了相应的证据，如果这种情况都进行处罚，很容易挫伤设备运维人员的积极性，因为雷击这种故障是人力难以防范的。即使有避雷设施，也并不总能发挥作用。

有一个未经证实的故事，说的是著名的大科学家爱因斯坦有一次问他的学生们："有两位工人，修理一所旧房子老旧的烟囱，当他们从烟囱里爬出来的时候，一位很干净，另一位却满脸的煤灰，请问他们中间谁会去洗澡呢？"一位学生回答说："当然是那位满脸煤灰的人啦。"爱因斯坦说："是吗？请你们注意，干净的工人看见另一位满脸煤灰，他觉得从烟囱里爬出来很脏；而另一位看到对方很干净。我再问你们，谁会去洗澡？"另一位学生很兴奋地发现了答案："噢！我知道了！

干净的一位看到另一位很脏时，觉得自己也很脏；但是脏的人看到对方很干净时，会觉得自己并不脏啊！所以一定是那位干净的人跑去洗澡了。"所有的学生似乎都同意这个答案，只见爱因斯坦慢条斯理地说："这个答案是错的，两个人都从老旧的烟囱里爬出来，怎么可能会一个是干净的，另一个是脏的呢？"

上面这个故事是否真的是爱因斯坦问他的学生的，不用去深究，除去主人公的特殊性，故事本身也给了我们启示：前提不正确，结果肯定没有意义！失去了预定的前提条件，后续的分析和结论是毫无意义的。不同的假设前提，会导向不同甚至相悖的结果，管理上也一样。以经济考核为例，脱离既定前提，单纯地问经济考核是否有用是毫无意义。真正有意义的问题应该是：在现有的体制、人力资源配置、制度和资源的条件下，我们的经济考核如何发挥应有的作用？我们需要进行以下三个"灵魂拷问"。

第一，在现有的体制机制下，除了经济考核还有什么更有效的考核办法吗？

尽管国内外的管理学界都在不断探索用诸如 OKR[①] 管理等先进的管理方法来替代 KPI 考核，但纵观各大公司的实际考核规则，使用 KPI 考核制度的还是占了 90%以上。即使是体制灵活的私人企业，也没有放弃 KPI 考核，没有全面拥抱新的管理方法。由此可见，是否采用 KPI 考核可能与公司体制的关系不大，它是一种通用的管理方法。尽管这种方法有很多弊端，但这是目前我们在现有情况下能找到的最公平合理的办法，至少是最公平合理的办法之一。

第二，在现有的人力资源配置下，除了经济考核还有其他更有效的考核方法吗？

在做任何管理决策之前，都首先要理清家底。对于九戒所在的县级供电企业，其人员配置比较多元，既有传统意义上的所谓全民所有制员工，也有农电工、集体

---

① 全称是 Objectives and Key Results，即目标与关键成果法。OKR 是内在动机驱动，而非绩效考核驱动。

企业员工、劳务外委员工等多种身份的员工。从效率的角度考量，在如此多元的人力配置情况下，经济考核是最有效的，也是穿透力最强的。

第三，在现有可调配资源的情况下，除了经济考核还有其他更有效的考核方法吗？

这里说的可调配资源，除了传统意义上的人财物，还包括一些可使用的处罚手段。

一旦决定使用经济考核，接下来的问题就是如何考核、如何制定合理的规则、如何实现考核的刚性执行。

第一，在奖励之前，管理者要注意：不要对义务予以奖励。

某家公司为了避免员工迟到，对按时上班的人予以一定的奖励。刚开始这项政策还挺有效，一些经常迟到的人为了奖金不再迟到。可是一旦停止发放奖金，原来迟到的人仍然迟到，就连之前准时上班的人都开始迟到了。

有一个故事，一群孩子一连几天在一位老人家门前嬉闹，老人忍无可忍。于是，他出来给了每个孩子 25 美分，对他们说："你们让这儿变得很热闹，我觉得自己年轻了不少，这点钱是为了表示谢意。"孩子们很高兴，第二天仍然来了，一如既往地嬉闹。老人又出来给了每个孩子 15 美分。他解释说，自己没有收入，只能少给一些。15 美分也还可以吧，孩子仍然兴高采烈地走了。第三天，老人只给了每个孩子 5 美分。孩子们愤怒道："一天才 5 美分，知不知道我们多辛苦！"他们向老人发誓，他们再也不会为他玩了！在这个故事中，老人让孩子在不知不觉中将为了开心而嬉闹变成了为了老人而嬉闹，成功地把孩子的内部动机变成了外部动机，达到了赶走孩子的目的。

可以看出，采取奖励的方式让人们履行他们应尽的义务，他们会把义务当作交易。一旦奖励停止了，后续的交易也结束了。从动机的角度来分析，其启示就是不要把内部动机变为外部动机，否则会出现付出了代价，效果却更差的窘境。

第二，管理者需要知道"负面感情"比"正面感情"对人的影响大。

前文中损失厌恶的例子也可以很明显地说明这一点。"损失厌恶"原理指出：在面对等量的收益和损失时，人们普遍感觉损失更让他们难以接受。损失带来的负效用为等量收益的正效用的2.5倍。这一原理在管理中可以被这么使用：在制定与指标相关的奖惩时，默认指标是好的，将这部分奖金在账面上先划给员工，作为其月收入的一部分。一旦出现了指标异常，就对这部分钱进行扣除。从心理学上讲，员工已经认为这笔钱是自己的了，现在扣除，其带来的痛苦远超过得到相同金额的钱带来的快乐。

第三，制度执行要有刚性。即使在执行的过程中，管理者确实发现制度存在不合理的情况，也必须咬牙坚持。

任何一项管理制度、奖惩制度，想做到绝对公平，绝对合理，都是痴人说梦。

仍以电网生产管理中的线路跳闸为例对此进行说明。首先科普一下，我们所看到的高压输电线路在变电站内部是由开关与线路进行连接的，当线路出现故障时，出于保护整个电网的目的，变电站内与线路连接的开关会跳闸，以隔离故障。在电网生产管理中，除了安全，最重要的就是保证线路稳定运行不跳闸，只有这样才能对用户提供可靠而持续的电力。因此线路跳闸率就成了管理部门考核所有基层供电所的非常重要的指标。

线路跳闸的原因多种多样，可能是因为雷击，也有可能是因为一些外部破坏，还有可能是因为树木离线路过近引起短路放电，甚至还可能是因为风筝或塑料袋落到线路上造成短路故障。因此，在考核线路跳闸的过程中一定会有很多人反映某次跳闸是非人为原因造成的，管理部门如果要逐一甄别的话，不但会耗费大量的力气，最后还会发现这是一项不可能完成的任务。因为很多线路跳闸事后是无法明确原因的。

　　管理者在此类情况下必须进行"无差别攻击",也就是说不考虑跳闸的原因,只要跳闸,就一视同仁地进行处罚。这说起来容易,做起来难。如果跳闸原因是一些非常明显的外力破坏,被处罚的人就会叫冤叫屈。例如,因为线路本身状况的原因,在夏季高温大负荷时由上级管理者下令进行限负荷拉闸,在这种情况下,作为管理部门,我们仍然选择了进行处罚。对这种明显非人为责任的失电,管理者仍然开启了无差别攻击模式,这也向被处罚群体传递了刚性执行的坚定态度,有利于工作的开展。

　　最后需要提醒大家的是,要警惕管理中的破窗效应——处罚一定要及时和坚决。

　　"第一扇破窗"通常是事情向坏的方向发展的起点。这个心理学原理给我们的启示就是,在管理中,处罚一定要及时和坚决,将不好的苗头终止于萌芽状态,该惩罚时要坚决动手。管理者要营造一个良好的制度执行环境,一定要避免出现"破罐子破摔"的情况。

　　我们来回答本节开头的问题。经过上面的分析,你一定已经得出了相应的结论。在实际的管理执行中,朱九戒选择的是对两起线路跳闸都进行无差别处罚。

　　举一个在极端恶劣气候条件下线路跳闸的例子。在实际工作中,朱九戒发现即使是在全县范围内有 7 ~ 8 级以上的大风以及暴雨情况下,基础工作开展扎实、树障清理比较彻底的供电所,跳闸率明显低于基础工作不扎实、树障未全部清理的供电所。简单地说,天灾的背后很多情况其实是人祸。即使是以极端的雷击为例,经过多次故障分析,我们也会发现,雷击断线绝大部分都发生在有旧伤的线路上。对这些线路如果运维到位,提前对一些有伤的线路进行更换,导线断线也是可以避免的。外部破坏故障更是这样,对于一些处于马路边或者转角处容易被车辆撞的地方,也可以通过砌水泥墩将电杆包裹起来的做法减少此类故障。也就是说,我们很多时候认为的一些天灾,是可以通过积极的运行维护来减少的。

第 7 章

从部门负责人到企业负责人（下）
从量变到质变

7.1

从提心吊胆到胸有成竹：如何指挥协调自己不了解的业务

选择题：目前职业分工的细化，让任何人都不可能精通所有专业，九戒作为生产负责人，面对不了解的业务也需要拍板做决定。如果你是九戒，在对不了解的业务进行决策时会选择下面哪种方案？

A. 还是要主动听取专业人士的意见，综合意见后做决定。

B. 面对既不了解又没有合理解决方案的情况时，可以向兄弟单位请教。

C. 明晰规则，作为专业技术人员，需要拿出至少两套方案让上司做选择题，而不是让上司做问答题。

尽管都是电力生产，但目前专业分工的细化让人不可能精通所有专业，以一个普通的百万人口县级供电企业为例，电力安全生产包括变电站运行维护、线路运行维护、检修试验、电网调控等多个大专业，每个大专业还可以被细分成若干不同的小专业。专业之间的差别比较大，毫不夸张地说，这些专业之间的区别能让一个电力系统科班出身的人怀疑自己可能上了一所假大学。

朱九戒新上任不到一个月，闹市区就出现一起电力铁塔塔身倾斜的事故。其铁塔基础锈蚀，四只支撑脚中有三只支撑脚的根部锈断。

方案 1：停电处理。事发时接近年关，还有一周就是农历春节，铁塔上的线路交叉跨越，有多条线路通过铁塔，采用这种方法，需要停电的线路太多。铁塔需要做基础，这个基础可以简单地理解为有钢筋混凝土笼子的地下大墩子，因此其施工周期较长。出事的铁塔在闹市区，无法在旁边再选择位置重新立塔，只能原地立塔。到底要不要停电？怎么停电？这个问题摆在了新手九戒面前。因为涉及的面比较广，尤其是停电范围较大，在目前九戒所在企业的体制下肯定没有其他人愿意拍这个板。作为生产负责人，九戒责无旁贷地应该拍板确定方案。

方案 2：采用混凝土水泥墩的形式，临时对铁塔基础进行路面以上的浇注式加固。但设计院不愿意就这种情形出具受力分析报告，因为出了报告它们就要担责任。

实际处理方案：1. 利用两台吊车进行临时防倒塔措施。2. 向上级单位申请技术支持。朱九戒找了一名经验较为丰富的配电线路老师傅进行实地勘察，提出的建议方案是根基开挖、焊接；后来朱九戒还了解到此处隐患数年前就已经上报，相关人员也找设计院进行了设计。但由于设计方案施工难度过大，而且需要停电时间长达10 天，这在闹市区是无法做到的，因此就一拖数年没有施工和改造。对于这位老师傅给出的根基开挖、焊接的方案，设计院专家不予评价，不予出具改造确认方案。一个两难考验摆在九戒面前，是选择在闹市区长时间停电施工，还是相信经验并暂时开挖根基、焊接。选择前者会造成相当大的舆论压力以及投诉压力，但从职业上来说是安全的；选择后者可以减少停电，避免舆论及投诉压力，但存在铁塔焊接后受力不满足要求的风险。经过再三考虑，朱九戒选择了后者作为施工方案并在第二天 00:30 停电处理。

后续：春节过后，朱九戒又安排了停电检修，对铁塔基础进行了全方位的隐患消缺处理，彻底消除了此项隐患，后续还对全县电网类似隐患进行了拉网式排查。

管理者在管理自己不熟悉的业务时可以参考以下几点建议。

第一，充分利用已有经验，进行知识迁移。管理者要利用自己原有的技术经验，从整体上进行把握，对于自己确实不了解的技术细节，可以暂时当作已知条件默认，事后再进行深究。

第二，与下属和员工沟通，让其知道你从技术角度理解他们的问题，利用你手中的资源和个人经验帮助其达到目标。管理者绝对不能因为不懂技术或者不懂细节就对细节不闻不问，可以不懂技术细节，但必须知道下属团队在做什么，他们做到了哪一步，也就是要知道他们的进度。

第三，结合目标管理，充分发挥专业人士的主观能动性。管理，实际上是管理者要管理好下属并让其为自己工作。管理者暂时不熟悉业务可以被理解，但要让下属发挥作用，管理者要做好过程中的监督工作，并为员工提供资源服务。

除此之外，管理者自己也要有快速学习的意愿和足够多的努力付出，缩短学习期，抓紧提升自己的专业认知能力，这才是一劳永逸的解决方法。

我们来回答本节开头的问题。

A 选项的问题在于，专业人士为了避免担责，在公开场合给出的意见往往是偏保守的。所以这个选项需要管理者以更多的智慧在非公开场合与专业人士进行交流。

B 选项也存在和 A 选项类似的问题，也就是对方在给出意见的时候偏保守。

C 选项是比较合理的，但中间也涉及前面两个选项说到的这个问题。

总而言之，在生产领域，管理者只有自己多学习专业知识，同时具备一些询问智慧，这样才能做出最有利的决策。

7.2

深挖原因：如何应对不同部门之间的推诿扯皮

问答题：在大公司里，将一个纸箱子从 3 楼搬到 2 楼需要多长时间？

要回答这道题目，先来看看其他公司的前车之鉴。美国汽车公司通用在很多年前曾经接到很多次听起来匪夷所思的投诉，用户抱怨：每次到超市买香草味冰激凌，回来时车都打不着火，但是买草莓味和巧克力味冰激凌就不会出现问题。后来，工程师经过详细检查，终于揭开了谜底。

这些车的问题出在熄火散热系统上。每次熄火，汽车都需要等上 5 分钟才能再打着火。超市的草莓味和巧克力味冰激凌销售不是很好，被放在远处，每次购买时间都超过 5 分钟，所以司机回到车上再打火就没问题。但是香草味冰激凌的销售特别好，放在商店最外面的箱子里，3 分钟就能买到，这个时间不足以让汽车散热，所以司机回到车上打火时就打不着。

面对不同分管部门之间对工作职责的推诿扯皮，管理者要对问题进行深入挖掘，不要满足于表面的解释。表面有联系的事情，其实可能根本没有联系。很多时候，管理者不可能精通所有专业上的细节，这时候面对扯皮，管理者就要发挥发掘深层次原因的能力了。

此时，从趋利避害的角度看，对个体来说，"推"是最佳选择。当然，至于能不能"推"得出去，就是公司制度设计的问题了，规模越大的公司，发生推诿的可能性越大。原因很简单，人多了，才有对象可推，业务复杂了，才容易产生责任结合部，才有推的可能性。

职场超级畅销书《杜拉拉升职记》中描写了这么一个片段：杜拉拉在新升任行政人事经理后，她的直接上司李斯特要求她的两位同事——薪酬经理王宏和人事经理李文华，在专业上带带她。薪酬经理王宏小气，怕"教会徒弟饿死师父"，所以每逢杜拉拉请教他时，总是"打太极拳"糊弄她，没有提供任何实质性的帮助。而李文华则会顺便教教她。对王宏的"太极"招数，杜拉拉忍无可忍，想出了下面这个办法。

杜拉拉用表格的形式做了一个总结报告，表格分为受训目的、受训内容、帮助者、效果及进程。简而言之，就是谁教会了她一些什么，然后用邮件发给她的直接上司李斯特，同时抄送给王宏和李文华。李斯特一看这个报告就明白了，王宏基本没有搭理杜拉拉。

将推诿扯皮向上司汇报，寻求上司的帮助，是最简单、最直接的做法，这在一定程度上可以有效地推动问题的解决。

但这种做法有一个极其不好的后果，就是会得罪人。杜拉拉虽然用的是感谢帮助的形式，但只要不是傻瓜都能感觉出来其中咄咄逼人的味道。所以这种做法偶尔一用可以，但不能常用，我建议的做法是把它当作引而不发的"重型武器"，保持威慑力。

同事和部门之间配合完成工作本是分内之事，但有人的地方就有推诿扯皮。究其原因，一是有些"老油条"，一点也不愿意多干，能推则推、能挡则挡；二是有的人会把你看作竞争者，唯恐你比他干得好，能不配合则不配合，更有甚者会暗中破坏；三是有些人确实工作太忙，他们肯定要优先完成自己的任务，其他的任务都要往后推。

要想避免推诿扯皮，应该将功夫下在前面，在事前厘清职责、清楚分工。管理者要事前厘清需要干哪些事，先干什么后干什么，在多长时间内完成，要达到什么样的效果，配合交叉的工作具体由谁负责，等等，将这些理得一清二楚；然后在工作开展前就请上司出面，将分工布置下去，扯皮的概率自然就会减小。

打太极讲究四两拨千斤，应对"太极高手"，不能急于求成，南拳北腿过于刚猛，吵架生气于事无补，管理者不妨将功夫用到厘清职责、清楚分工上。前面多费点心思，总比后面推来扯去强。

真的遇到责任结合部或者是事先没有想到的特殊情况，管理者也要充分利用管理智慧。

在电力企业中，部门员工和主任的奖金都与指标排名有关，也就是这项指标在全省所有同级别公司中的排名。九戒刚入职就遇到了上级部门临时变更指标的情况，上司将贫困村电网建设指标作为同业对标的一项指标。这项指标涉及规划、建设以及施工等多个部门。令人头疼的是，九戒所在的能源供应公司的该项指标只排到了 ABCD 四档中的 C 档。相关的两个部门因为该扣谁的钱起了争执，这时候必须要有人让步。把问题放在桌面上谈时，是没有人愿意让步的，因为这种让步不仅涉及主任一个人，还涉及他部门的员工。这种事情就属于确实处于责任结合部的情况，而且是临时加的指标，属于事前没有想到的特殊情况。这个指标也确实与两个部门都有关系，最坏的方法是各打五十大板，责任一人一半；最智慧的方法是私下解决，如果有一个部门影响人数较少、影响较轻，管理者可以直接找这位部门主任去谈，明确说明需要他做出适当牺牲。

同样地，在分配工作时，如果某项工作也处于所谓的责任结合部，那么分配到某一个部门的时候，管理者应该直接对这个部门的负责人说清楚"需要你们多付出"，明确表示自己对他们的付出心中有数，这样别人会更容易接受。

后来，这位部门主任做出牺牲后，九戒内心一直想从其他地方补偿他。基层的供电企业中，为解决当时电网的一些实际问题，往往会有一些变通的操作，例如未批先建等，这些也都是为了当时的工作和应急。但真正解决这些费用问题时，会涉及无法完全合规的情况，所以就一年一年往后拖。后来，在解决一些历史遗留的欠账时，九戒主动想办法解决了这位主任在管理工程期间遗留下来的一些问题。

我们来回答本节开头的问题。答案是三个月。提出申请单，上司层层审批，交给行政后勤部门，每一个环节都有可能等待拖延。等到将派工单交给搬运公司，其手头也还有一大堆工作没有做完，你的申请还要排队等候。搬办公室不仅涉及有形的物品，还包括网络、电话的迁移，这些都需要相应的支持部门来协助。而这些支持部门手头本来就有很多工作，按正常的流程必须排队，所以一层楼板之隔的搬动也可能要用时三个月。

7.3

团结协作：如何与其他班子成员高效协作

选择题：朱九戒和韩大壮都是能源供应公司的副总经理，九戒分管安全生产，韩大壮分管营销。在生产管理中，生产计划管理是头等大事，因为只有生产计划规范了，才不会出现因准备不充分匆忙施工而发生事故的情况。企业用户的用电，从申报、验收到接入电网，涉及从营销到生产的多个部门，链条较长，需要较长的时间。这个链条中只要有一个环节出问题，企业用户的正常接入电网的时间就可能受影响。与营销部门的配合中，经常会出现营销部门需要生产部门临时增加日计划的情况。生产部门对变动日计划是深恶痛绝的，面对韩大壮与朱九戒协调将用户接入

的工作加入日计划的事情，九戒该怎么应对？^①

A. 如果是偶尔为之，比如说一个月一次，那就给他一个面子，毕竟低头不见抬头见。

B. 无条件主动配合。无论从服务用户还是班子成员团结协作的角度来说，都应该克服困难，为营销服务。

C. 有条件地配合。对确实比较紧急的工作，可以考虑按非常规处理，但要说明下不为例。朱九戒要求生产部门与营销部门共同制定合理的流程，提前申报计划让所有的工程都纳入周计划或者月计划来进行管理，保证电网安全生产这块底板。

D. 有条件地配合。但在这个过程中需要设置障碍，让他们每一次申报这种非常规的日计划都经历重重困难。只有这样，才能倒逼相关管理人员提前谋划好用户接入的计划申报。

　　除去冠冕堂皇的理由，合则两利是亘古不变的真理。而且就上级部门对下级部门的考核来说，一个领导者团队如果内部都不团结，肯定会引发对整个领导者团队的负面评价，影响每个人的发展。

　　领导者团队成员在工作中要主动为其他部门提供支持。

　　我们要知道团结协作的重要性。

　　第一，班子成员之间的团结协作和主动配合是顺利开展工作的前提。

　　第二，班子成员之间的团结协作是完成目标的前提条件。

　　班子成员各有各的分工，分工可以，但不能"分家"。在履行各自的职责时，成员要心往一处想，劲往一处使，完成共同的目标。这就如同拔河比赛，贵在协调

---

① 电网生产的安排分为日计划、周计划、月计划、年计划。日计划是指今天申报，明天工作。周计划是指提前一周申报计划，次周进行工作，月计划、年计划依此类推。

一致。

以下是具体做法。

第一，要树立共同的目标。分管上司要将集体设立的目标作为个人分管领域的目标，只有这样才能共同发挥合力。有一句广为流传的管理名言是：在做决定之前可以充分讨论，做完决定必须无条件执行。

第二，要完善制度建设。只有建立了完善的工作制度，才能确保班子成员的工作有条不紊。

第三，要坚持遇事多商量、多通气。较大团队的管理者，最忌讳的就是失去对整个局面的掌控。无论自己的分管领域、做的变革是否对其他分管领域有影响，管理者在做决定的过程中都需要提前与其他班子成员通气。

第四，要把职场上的配合当作生命中的邂逅。根据现在职场工作的时间以及强度，我们在职场中和同事在一起的时间甚至远远超过和家人孩子在一起的时间。这是缘分，也是因果。我们应该珍惜这份缘分，把职场上同一个班子的成员当作朋友来真心相处，以真心换诚心。

我们来回答本节开头的问题。

A 选项是就事论事的选择，无法形成标准化操作流程，不是管理应有的思路。

B 选项是很难挑出毛病的选项，但实际操作的过程中会遇到很多困难，因为在实际的生产管理中，过多的日计划会被上级单位批评甚至考核。

C 选项是在工作中具有可操作性的方式，也是推荐的方式。

D 选项是一种社会化的方式，有耍小聪明的嫌疑。在实际的工作过程中，朱九戒也犯了严重的错误，在与营销部门配合的初期，在很多情况下，为了减少日计划的安排，避免上级部门的批评和考核，对很多工作进行了周计划安排，增加了用户接入的时间，甚至引起了投诉。

7.4

善于借力：利用包干制充分调动班子成员力量

选择题：公司纪委实行了"一人一地一策方案"制度，把现有的 18 个供电所平均分配给公司的 6 个领导者，根据这些供电所发生的投诉问题，对相关领导者追责。你觉得这种方式有效果吗？为什么？

A. 责任制被过度运用，所以这也有可能是形式主义。

B. 有用没用，要试过再说，到年底把当年的投诉数量和去年的投诉数量进行比较就知道了。

C. 具体是否有用，得看执行情况，也就是一旦包干的供电所出了问题，追责时真正起到杀一儆百的作用，才能对这项工作有所推动。

在与班子成员协调配合的过程中，纪委的智慧最令人钦佩。纪委相关的做法真正发挥了每一位班子成员的作用，做到了齐抓共管。以纪委推行的"一人一地一策方案"为例，方案指出："对违规违纪问题频发，矛盾突出，干部员工关系不和谐，已经发生或者有苗头性、倾向性违规违纪问题的基层供电所，明确由一位公司领导者负责，实行'包干'。将问题和矛盾化解在基层，同时督促、推动公司各项制度、要求在基层落地。"

有了相应的制度，分配到包干部门的领导者都会认真地了解供电所的相关苗头性、倾向性违规违纪问题，破解之前一个领导者抓所有供电所的稳定而管不过来的现状。但值得注意的是，包干责任制也不是包治百病的良药，管理者要在落实上下功夫。

用求真务实指导落实

通过"两个到位"，全面推进责任制建设。一是责任落实到位，无论是岗位责任还是前面所说的"一人一地一策"中的包干责任，管理者都要编制相应的职责目录；二是将检查整改开展到位，从而真正做到事事有人管，事事有回应。

用宣传发动保障落实

通过开辟公司内部网站专栏、编制简报、制作宣传栏等方式，持续深入地开展全方位立体宣传活动，切实增强相关人员的责任感和使命感，引导其做好包干工作。无论是针对员工工作岗位的责任包干，还是针对管理岗位的责任包干，都要大力宣传，形成广而告之的效果。这样对员工责任包干和管理者责任包干，都会起到正面的推动作用。举个简单的例子，所有员工都明确了每个不同管理者的责任，明确了其包干的供电所，那么相应供电所出了问题，相关的包干管理者就会觉得"压力山大"，觉得所有员工都会对他指指点点，这样，压力就会被有效地传导为责任。

用搭建平台推进落实

管理者可以引入排名机制，做到凡是有责任，一定有排名，否则责任制可能成为新形式主义。对排名靠前的部门管理者要进行奖励，对落后的部门管理者要进行诫勉谈话乃至考核，以这种方法督促其尽职履责，为强化责任意识搭建平台。

责任包干制的优点

责任包干制的实施可以提高工作效率。责任定了，被定责的人员工作会更加主动。

责任包干制的实施可以大大强化相关人员的责任意识。通过责任包干，"谁的孩子谁抱走"，没有了推诿的空间，相关人员工作的责任感会加强，人人有事做，事事有人做。

我们来回答本节开头的问题。

A 选项是确实可能出现的一种情况，但不能因噎废食，确实有很多设计得当的责任制能起到非常好的效果。

B 选项是实用主义的管理者所秉持的态度，但也不能算错。

C 选项抓住了问题的症结所在，是正确的选项。

相同的管理方式之所以效果大相径庭，究其原因，还是执行层面出了问题，考核层面出了问题。如果能在执行和考核上严格落实，最简单的管理手段也会起到很好的作用。所以在创业圈里流行一句话：投资哪个团队不是看项目的好坏，而是看这个团队的执行力。再好的创意，团队的执行力不行，也不能投资。即使是很普通的创意，如果有了执行力很强的团队，也是值得投资的项目。

7.5

借力打力：充分发挥监理公司等外部力量的作用

选择题：朱九戒到一个施工现场检查，发现一个负责监理工作的小伙子在旁边低头玩手机,对施工现场的违章现象视而不见,甚至对监理负责的杆塔基础的卡盘安装等也没有全部拍照。如果你是朱九戒,看到了这些,你打算怎么办?

A. 还能怎么办?他不是能源供应公司的人,回头找他上司训他几句得了。

B. 像这样的实际情况一定要严肃处理,让监理公司拿出一个处理意见,要狠罚。

C. 监理人员毕竟与施工人员不同,而且也不能指望他们,还是要把自己内部管控好再说。

D. 听说这个监理公司挺有来头的,这样的事还是跟主要上司汇报一下吧。

在说这个问题之前先科普一下:以大家经常接触的房地产开发公司为例,建楼房首先要有房地产开发公司,这个公司负责筹集资金、拿地、办各种批文,还要委托工程建筑公司进行施工。工程监理公司是房地产开发公司花钱请来的,用于监督工程建筑公司的一切关于施工方面的事宜,有一定权限。如果工程建筑公司不接受监理公司提出的合理建议,监理公司可以上报房地产开发公司,甚至直接上报政府部门工程质量监督站。另外,目前所说的房地产开发公司也通常被称为甲方,工程建筑公司被称为乙方,这是合同签订时做的约定。

监理人员管理实操

第一,通过信息化手段确保监理人员与施工队伍同进同出。

这一条是最基本的要求,但很多监理人员在实际工作中做不到这一点。为了提高监理履职水平、让监理人员发挥作用、为现场的安全保驾护航,企业首先要明确工作纪律,充分利用现有的信息化手段,例如位置定位、视频监控等,确保监理人员与施工队伍同进同出。

第二，通过明确的职责清单确保人员到位后的责任到位。

很多监理人员到现场后，其实只是人到了，除了拍几张照片，一言不发，对很多明显的低级违章视而不见。为避免发生此类情况，我们可以通过后台视频监控对现场的违章进行巡查，如果查出了违章情况，只要与监理职责相关，就应对监理人员进行同等处罚。为提高其责任意识，我们要求监理人员列出其检查条目，并按列出的条目到现场后逐条确认，打钩并签字。

第三，通过通报考核措施对监理公司施加压力，使其将压力传导到每个监理人员。

我们要开展对监理人员的履职情况评价，并对所有的监理人员进行排名打分，每周将评价情况发给监理公司；对于履职不到位的人员，要对其进行通报，要求监理公司进行处罚；借助监理公司的力量对监理人员施加压力。

第四，落实质量责任追究终身制，督促其履职尽责。

要求施工人员与监理人员共同学习相关的法律法规；明确其工作职责，确认其行为有法律规定，并明确质量责任的终身追究制度，督促其履职尽责。

第五，对监理人员开展同质化管理与培训。

实际上，监理人员是脱离能源供应公司安全体系的。在本节开头的问题中，无论规章制度培训，还是管理规范，都与目前安全管理的要求有着巨大的差距。究其原因，一方面是监理人员的问题；另一方面供电企业在对监理公司监理人员的管理上也没有尽责，要将监理人员纳入自己的员工培训考核体系，一起培训、一起考核，并将培训和考核的结果发给监理公司进行经济兑现。

我们来回答本节开头的问题。

A 选项没有抓住管理的重点。因为我们是给监理公司付了钱的。经济代价既然付出了，一定要发挥其应有的作用，要不然这个付出就是没必要的。

B 选项是九戒的做法，九戒还让他们拿出一份现场检查的清单。为避免一次要求太多反而没法认真检查，九戒让监理人员罗列了一份 A4 纸长的清单，先把最核心的职责罗列在清单上。如果清单上的情况没有认真履责，进行一次处罚。

C 选项是一种逃避式的管理，尽管监理人员不是能源供应公司的员工，但监理是施工过程中的重要一环，必须要发挥其应有的作用。

我们再来看 D 选项。即使是真的有为了避免得罪上司而不方便开展工作的考虑，也不应该仅仅因为听说"有来头"，就自己给自己设定软肋。

7.6

充分利用潜意识：在公司范围内营造安全氛围

选择题：一年一度的"安全月"活动又开始了，有人提议在各个楼层的显眼之处张贴"安全生产 重于泰山""安全是最大的效益"等安全标语，你认为这些标语有没有用？

A. 现在还指望一两句标语就能起作用，太天真了吧。

B. 应该是没有什么用，如果贴上标语就能搞好安全生产，那安全生产工作也太好开展了。

C. 有用，但具体有多大用说不上来。

D. 很明确，绝对有用，能够潜移默化地改变人的行为。

美国著名社会心理学家海蒂·格兰特·霍尔沃森（Heidi Grant Halvorson）在她的《成功，动机与目标》（*Succeed: How We Can Reach Our Goals?*）一书中揭示了人的潜意识为人工作的事实。书中指出，潜意识认定的目标比一个人有意识制定的目标多得多，越是多次做一件事，这件事就会变得越来越自动化。

相信所有开车的人都有这类经历：从下班开车到家的路上，你可能根本没有意识到自己怎么到家的，就像内在开了程序，身体自动把你带回家，你根本不用思考。而刚学会开车时，你脑子里会一遍一遍地想："先打火，然后踩离合，挂挡，松离合踩油门，拉手刹"，等你驾轻就熟了，你就能无意识地完成这些动作。

书中还指出，词语、图片、物体和人等都可能无意识地影响一个人的目标。

公司里张贴的"艰苦奋斗，团结协作"之类的标语看起来不太落地，似乎没有人会注意，更别提遵守了，但其实你的潜意识已经接受了这个信号，并开始朝着这个目标前进了。在一个"资源悖论"网络游戏的心理学实验中，被试者要从虚拟鱼塘中捕鱼，捕鱼多者获胜，但是和现实社会一样，为了持续发展，游戏中的被试者不能过度捕捞，否则全部人都得饿死。所以大家还得搞好协作，每次捕到鱼后，被试者可以根据鱼的大小选择将其留下或放回鱼塘。结果，那些在实验前被展示过帮助、支持、协作、公平和分享等积极词语的被试者比对照组多放回 25% 的鱼。

潜意识的计算能力和信息储存能力的量级也远远超过了有意识的部分。

在科学史上，有很多重要的成果并不是由有意识的思考行为推演出来的。例如阿基米德在澡盆里突然明白了浮力定理；凯库勒因为梦见了一条嘴咬尾巴绕成一圈的蛇而解开苯环结构之谜等。在日常生活中，我们也会遇到这样的情况：在办公桌前绞尽脑汁都找不到解决方案的问题，洗个澡或者散个步、吃个饭的工夫，突然之间我们就有了答案。灵感、顿悟，就像我们在有意识地思考、苦思冥想却不可得时，潜意识突然献上来的一份答案大礼，而这份答案是很难通过有意识的正向思考推理出来。

以上种种都说明了，在公司范围内，安全标语、视频确实可以营造安全生产氛围，并起到重要作用。要想让标语发挥最大的作用，管理者还需要注意以下几点。

第一，要明确是什么在影响他人。管理者要懂得是什么在暗中影响一个人做这样或那样的选择，想明白了这一点会极大地提升管理的效果。管理者要在科学实证的前提下，分析管理行为中的对与错，如果有必要，还要试图削减某种影响。

第二，要营造合适的环境。另一个影响目标实现的因素是我们所处的环境，环境对我们个体的潜意识有着重要影响。我们读到的文字、看到的物件、打交道的人——我们所接触的万物无不触发着潜意识对目标的追求。榜样在很大程度上通过"目标感染"鼓舞着我们。换言之，我们会采纳他人追求的目标——在我们认同的前提下。这也是在公司范围内树立"身边的安全标兵"，树立"身边的劳模"的科学依据。

第三，科学利用触发点进入潜意识。管理者要想让被管理者保持动力，就需要让工作环境里充满提示和触发点。它们能使被管理者的潜意识为达到目标而努力工作，即便他的意识已被其他事情占领。我们经常用到的开工前的列队仪式，其实就是利用了触发点这一科学原理。

管理中要充分利用这些环境的影响，以及科学利用触发点，只有营造立体的安全生产氛围，才能最大限度地在员工心中植入安全生产重于泰山的牢固思维。

我们来回答本节开头的问题。

A 选项想当然地认为这些做法没有作用，没有开展任何思考，是懒惰的表现，是完全错误的。

B 选项是经验主义，没有充分利用最新的心理学和行为科学的研究成果给我们的管理决策做支撑。

C 选项认为有用，却不明确为何有用，有多大用，也是经验主义的做法，是没有科学支撑和总结的管理，这样的管理者即使偶尔蒙对，也无法实现管理水平的持续提高。

D 选项是正确的，具体的原因在前文中已经详细说明，即充分利用潜意识改变人的行为。

7.7

学会婉拒：如何艺术处理上级单位上司的请托

选择题：九戒来到了县级能源供应公司管理生产，一位老上司打电话给九戒，要求帮忙。具体来说，有一家施工企业违规施工，被处罚一年不准参与区域内的施工。这位上司希望能减轻对这家施工企业的处罚，避免这家施工企业被纳入黑名单而无法承接区域内的施工。如果你是九戒，该如何回复？

A. 规定就是规定，而且这个规定是在之前就制定好的，无数人的眼睛在盯着，只能按规定办理。

B. 详细向这位上司说明前因后果，并指出这种操作涉及面比较广，也就是九戒一个人无法撤除对这家企业的处罚。

C. 往后拖一拖。

作为原本的工科"直男"，九戒曾经幻想万事不求人的理想状态。但在实际的工作中，在真实的世界里，这一点是无法做到的。无论是解决当地的一些矛盾，还是和上级部门协调工作，都不可避免地要托人办事。你托过他人办事，那么别人也同样有可能托你办事。这里请托的事项有公事，也有私事。有些事情如果仅仅是费点事，那么我们可以帮忙；但有些事情可能确实涉及工作职责甚至原则，就不能帮忙。此时，婉拒对方、解释清楚，不产生隔阂是职场中的必修课。

第一，给对方留一点时间。当别人对你提出请托时，如果你在直觉上认为不应该答应，但是又想不出如何拒绝，这时最好的方法是拖延——"我现在不能答应你，让我考虑几天吧"。这样就给自己和对方留出了思考和解决问题的余地。可能几天之后事情又出现了变化，他也不需要再向你提出这个请托了，这样就皆大欢喜。

第二，示弱，表达自己的难处。如果这个请托超出了你的个人能力范围，这时示弱是一个不错的方法。

第三，提供建议——寻找第三种方案。在职场中，如果对方的请托是你不想去做的或相关规定不允许去做的，你可以提供建议供他选择，以减少不懂拒绝带来的消耗。当我们觉得拒绝别人于心不忍，又怕影响关系时，可以采取第三种方案，同时满足双方的需求。寻找第三种解决问题的方案，是一种很有效的达成双方目的的方式。

第四，微笑而又坚定地拒绝——诚恳的态度非常重要。有时最好的方法就是立场坚定地拒绝。

但是立场坚定不代表你要带有情绪，那些激动的、愤怒的、委屈的情绪都不应该用在拒绝别人的请托上，即使是再不合理的请托，你也可以面带微笑地说"不"。

成熟的人都懂得微笑着对不合理的请托说"不"。生硬而不讲策略的拒绝，可能会在工作中为自己制造许多障碍。只有有策略地、诚恳地拒绝，并提供建议和对方一起寻找解决方案，你才能收获理解，避免隔阂。

不管工作上、生活里、感情中，如果存在自己不愿意做的事情，你就要有技巧地提出来，而被动、无奈地暂时接受的做法，对大家都不好，比如带来工作效果不佳、生活不和谐、感情不长久等问题。所以，为了双方都愉悦、自愿、长久，该拒绝的时候要学会拒绝。

我们来回答本节开头的问题。

A 选项虽然说的是实情，但不可避免地会因为解释生硬而让双方产生隔阂。

B 选项看似没有问题，既表明了无法撤销处罚的原因，态度也非常诚恳，但还不是最好的方法。更好的方法是在此基础上提出建议。例如从私人的角度给出可以不影响在本区域内施工的一些合理合规的方案，相信如果做到了这一点，你们不但不会产生隔阂，对方反而会对你表示感谢。

　　C 选项的方法是有条件限制的，有的事情可以拖，但就此事来说，可能拖一周、两周，甚至拖一个月、两个月也都无法解决问题，所以对于这个题目来说 C 选项不是合适的选项。

第 8 章

打造能自发生长的管理体系

8.1

构建管理体系：管理升级第一步

任何企业的管理问题，最终都会回归到"人"和"事"两个问题上面，如何有效地协调人和事，盘活现有资源，是管理的核心所在。说到管理是什么，有管理者总结过三个关键项："搭班子、定战略、带队伍"。

"搭班子、定战略、带队伍"

搭班子　再好的目标和战略也要靠人来执行，所以第一步就是找到合适的人，重中之重是搭建核心管理团队。

定战略　方向不对，会事倍功半甚至南辕北辙。管理者只有了解经济和服务的客观规律，了解行业变化，才能抓住大的机会。

好的战略一定要能"算"出来，管理者要围绕人、财、物做好全年的预算管理，最好精细化到月份；同时还要做好定期复盘，避免预算被消耗在不必要的事项上。战略和战术之间有一个"度"需要去平衡，好的规划可以"看三年、做一年"，也就是在埋头做事的同时抬头看路。

带队伍　凝聚共识、讲究文化、建立学习型组织。当前世界上唯一不变的就是变化，只有建立了能不断成长、有学习力的团队，企业才能在不断变化的市场中存活下来。组织的核心智慧——方法技能，也是通过学习和培训、带教等进行传承的。一个没有学习习惯的团队终将会被时代摒弃，因为它是不可能自我反思和进化的。

管理体系

什么是管理体系？简单地说，管理体系就是管理者加上相应的制度。高层管理者的任务是让企业有发展，这需要做两件事：一是做能提高企业短期业绩的事；二是做能提升企业长期价值的事。管理的一大目标是提升效率，包括提升个体和组织的效率。系统的效率产生在哪儿？可能是机器代替人力、人机互动、人际协调、制度流程优化、组织原则的贯彻；管理的另一目标是提升员工的成就感。成就感来源于哪儿？一般来说，员工能够在工作中解决他之前不能解决的问题时就会有成就感。在一个组织内，每个层面都有两个相同的要求：一是要遵循公平、公开、公正的要求；二是要让组织运转有序，也就是凡事有计划、有组织。

管理者的工作是为实现企业在分工之后的一体化而做的一件件事情，它统一于企业的目的：服务用户、产生利润。简单地认为"管理就是让所有人的行为指向共同的目标"是不对的，这是结果要求，不是内涵要求。管理首先是对内部的要求，通过内部的完善实现外部的目标。

如何才能让企业处在管理状态

法国管理实践家亨利·法约尔（Henri Fayol）给出的答案是"14 条管理原则"。他将管理实践视为一种有别于生产、财务、营销的独立功能。

无论何种体制的企业，做成一件事情的关键都在于对企业全局事情的关键节点的把控，对这些节点的把控就是管理。也就是说，管理就是对计划、组织、指挥、协调、控制的把控，把握住这五个功能就能做成事，把握住这个规律，管理者对企业全局的事情就能手到擒来。

回顾历史，20 世纪初时没有管理者和管理工作，很多企业盈利是靠机器形成价值、创造流程和能力，用机器代替人力极大地提高了单位时间内的产量，极大地降低了产品成本和售价，让"旧时王谢堂前燕飞入寻常百姓家"。那时候，企业的核心是产品研发和生产线开发，这两件事情都是工程技术人员在做。彼时管理者大多是技术部门的主管，强调的是把事情做正确，需要做选择的事情很少，其目标是提高生产线全过程的整体效能。法约尔高明的地方就是，在这种时代背景下还能感知到管理的存在，知道在产品研发和生产线流程的背后存在着实现分工之后一体化的管理体系。

好的管理要由领导者驱动变为文化驱动

需要注意的是，这里是文化驱动而不是制度驱动，根据管理的经验，所有制度都是有有效期的。企业只有形成了积极的文化才能不断更新制度，不断适应变化。这里的文化是广义的概念，既包括企业文化，也包括学习型团队的打造。

当前，有相当多的企业在遇到事情时，没有领导者推动，事情就难以有进展，只有主要领导者重视了，很多事情才能向下执行。从这个角度来说，要想实现企业的长久健康发展，企业不能靠领导者的魅力和苦干，而应以合理的制度化来推动管理的自动化，建设成能够自发成长的管理体系。只有这样，领导者才是合格的。

而且管理体系的建设，不仅能够使各项管理工作更具条理性，使管理体系更具层次性，在很大程度上还能够不断提升管理效果，提高管理工作效率，使管理体系更好地为企业发展保驾护航。

8.2

表扬过程：团队管理者的两种思维模式

美国人格心理学、社会心理学和发展心理学领域研究者，斯坦福大学行为心理学教授卡罗尔·德韦克（Carol Dweck）在《终身成长》中提到两种思维模式及其对成功的意义。固定型思维模式：重复性工作，一遍遍地重复证明自己的能力，成长会遭遇瓶颈；成长型思维模式：认为一个人的能力是可以通过不断努力和学习来提升的。

大家可以先做一个简单的测试，对下面的每一条判断你同意与否。

① 你的智力属于你比较基本的特质，很难做出很大改变。

② 你可以学习新事物，但你的智力水平是无法改变的。

③ 无论你的智力水平怎么样，你总是可以大幅改变它。

④ 你什么时候都可以对你的智力水平做出根本性的改变。

前两个观点体现了固定型思维模式，后两个观点体现了成长型思维模式。你的思维模式也可能是两种思维模式的混合，但是大部分人都倾向于其中一种。

① 你是某一种类型的人，基本没有什么可以改变这一点。

② 无论你是哪一种人，你总是可以从根本上改变既定类型。

③ 你可以换一种方式做事，但你最重要的特质并不会真正改变。

④ 你总是可以改变决定你身份的基本特质。

上面的第一个和第三个观点体现了固定型思维模式，第二个和第四个观点体现了成长型思维模式。

固定型思维模式是一种僵化的思维模式，持此思维模式的人认为"人的命天注定，努力没用"。

成长型思维模式是一种积极和进取的思维模式，持此思维模式的人认为自己的能力、水平都是可能通过学习不断提升的，他们相信"我命由我不由天"。

如果你家里有小孩，你的小孩完成了一项任务，比如说考试成绩不错，或者作业写得好，你就要给他一个口头的表扬。表扬方式非常关键，表扬方式不好，结果可能会适得其反。

如果你表扬孩子聪明，说："这题你都会做？我儿子太聪明了！"孩子可能会落入固定型思维模式之中。他会把以后每一项任务都当成证明自己聪明或者不聪明的测试，他会非常害怕被证明不聪明，进而会尽量选择简单的任务。

所以，家长要表扬孩子的努力："这次做得很好，看来你下了很大功夫，很努力！下次继续！只要你继续加油，就能把这个做成！"这么说，你才能在他心中埋下成长型思维模式的种子。他会把每一项任务都当成成长的机会，愿意花更长的时间钻研难题，主动选择困难的任务。

所以，更好的做法是，多夸赞孩子在过程中的努力，而不要过分或只关注结果。毕竟有了这样的夸赞，孩子对学习的兴趣会更加浓厚。把这个理念运用到管理中也是一样的，在团队建设中，我们要明确这两种思维模式的优劣，把团队中的成员培养为成长型思维模式的人。

固定型思维模式的人无法掌控自己的能力和动力，他们在工作中犯错或遭遇其他挫折时很容易放弃，很容易产生自我质疑，这些人不可避免地会通过抱怨和责怪别人来维持他们的内心自洽。这种反应对整个团队来说是非常糟糕的。成长型思维模式的人掌控着自己走向成功以及维持成功的过程，他们会把工作中遇到的挫折和困难当成挑战和锻炼，积极响应同事的请求，这对整个团队来说都是积极的。

团队成员如此，团队的管理者更是如此。固定型思维模式的管理者就像只能打胜仗的将军，一旦有了挫折就会怀疑自己，没有翻盘的机会。成长型思维模式的管理者在遇到困难时更能从内外因多个方向主动寻找解决的方法。他们即使遇到能力暂时达不到要求的下属，也能看到他们未来的潜力，不会"一棍子打死"。对他们而言，项目的不顺利并不代表自己的能力不行，只能代表自己的努力和团队的磨合不够。他们相信，团队共同的努力和奋斗、持续学习和坚持复盘，可以提升团队能力，完成目标。

由此可见，我们的思维模式决定了我们的最终结果。好消息是，即便是固定型思维模式的人，在了解到这两种思维模式的优劣后，也可以改变自己，变为成长型思维模式的人。

8.3

墨菲定律：利用清单管理明确职责

墨菲定律的原话翻译过来是，如果有两种或两种以上的方式去做某件事情，而其中一种选择方式将导致灾难，则必定有人会做出这种选择。墨菲定律还有一个更为流行的说法：任何可能出错的事情一定会出错。

以从事电网生产为例，电力是高危行业，从业者应该秉持积极的态度，既然故障无法避免，那么我们就不能有丝毫放松的思想，要时刻提高警觉。电网系统越复杂，问题和故障就会越多，这是必然的。我们需要做的就是在故障发生时用最快的速度响应，在保障安全的前提下用最短的时间处理。这也是电网生产人员的使命，全年无休的守护就是为了安全及时地处理所有故障。现在面临的问题就是，使用何种方法安全、迅速地把故障处理好。

虽然墨菲定律中提到：错误总会发生，无法避免，但是我们可以想办法降低错误发生的概率。

阿图·葛文德（Atul Gawande）在《清单革命》一书中提到，人类的错误主要分为两大类：一类是"无知之错"，也就是由于不知道相关知识造成的错误；另一类错误是"无能之错"，这类错误是指没有按已有的规则办事、没有正确地理解规则引发的错误。

在电力线路抢修和设备运维工作中，我们遇到的错误大多是无能之错，比如人为的、本不应该犯的操作错误。在电力生产施工和操作中，绝大部分事故都是一些低级违章造成的，而这些低级违章，在事后看来都是令人扼腕叹息的无能之错。

清单的应用

这个时候我们就需要使用工具来避免错误，使系统能够持续、正确地运行。这个工具其实也非常简单，就是清单。

人们处在重压之下时，会特别容易忽视一些单调的标准动作；越是专业的人，越容易犯的错误是，面对重复性操作时不知不觉地根据已有经验跳过一些明显的步骤，总觉得自己不会犯错，而人们往往会在这个时候犯错。在设备运维操作过程中，我们早已使用的操作票就是非常有用的清单。

清单不是大而全的操作手册，而是理性选择后的思维工具，它能够帮助我们在操作每一步时都尽力保持冷静而睿智的头脑，确保在必要时得到所需要的重要信息，系统地进行决策；在遇到复杂问题时，和每一个应该沟通的人进行充分交流，从而避免无能之错。

目前，清单在生产领域被广泛使用。当前存在的问题在于，很多清单没有明确责任、权利和义务，大而化之的情况比较多，执行力度不强，同时也存在着一些过多过泛的使用清单而引起的新形式主义。

工作清单的要素

① 确定目标：明确每项工作的目标和完成标准。目标越具体越好，完成标准越可量化越好。

② 要事优先：将目标分解成若干项需要完成的工作，确定每一项工作的优先级和负责人。

③ 时间规划：确定每一项工作的开始、结束时间，若一项工作较为复杂或从来没有做过而无法预估结束时间，也要预写一个结束时间，目的是帮助团队做好时间的预判和调整，帮助你对此项工作的时间形成一个基本概念。

关于清单的一些说明

① 开始、结束时间：一定要填写项目开始和结束的时间，确定结束时间后，要倒排时间表、每个阶段需要做什么事、到结束时间时必须完成的目标。

② 项目名称：填写明确目标，建议优先使用可量化目标，让所有人能够一看就明白。

③ 项目内容：将项目目标分解为若干关键点，填写方式可为"××（关键点）：××（具体关键点的内容和说明，简要描述）"。

④ 完成标识：填写每一个关键的完成标识，完成标识需要明确为某一个具体的目标、进度、程度等，要清晰、易判断。

⑤ 负责人：填写每一个关键点的具体负责人，事情只有落实到个人，才能够

追踪、闭环、总结、改善。

甘特图

1. 明确目标：同工作清单。

2. 时间规划：将每一个项目拆解为项目关键点，每一个关键点都要有明确的开始和结束时间，这样才能保证在截止日期前完成关键点。

3. 使用说明：

（1）项目名称：同工作清单。

（2）项目关键点：填写支撑整个项目完成的项目关键点，内容需精练、简化、易懂。

（3）负责人：填写每一个项目关键点的具体负责人，事情只有落实到人头上，才能够追踪、闭环、总结、改善。

（4）时间块：填充颜色代表每一个关键点的开始和结束时间，这样有利于保障整体项目在时限内完成。

4. 应用场景：甘特图应用于具体执行者对每一个工作关键点的完成时限的监督落实，以保障在截止日期前完成项目。

甘特图示例如图 8-1 所示。

项目名称	项目关键点	负责人	1月1日	1月2日	1月3日	1月4日	1月5日	……	1月28日	1月29日	1月30日	1月31日
××	××	××	▓	▓	▓							
××	××	××		▓								
××	××	××		▓	▓							
××	××	××	▓			▓						
××	××	××	▓	▓	▓	▓	▓	▓	▓	▓	▓	▓

图 8-1　甘特图示例

清单式管理实操

管理者要按清单落实目标任务，实行每周工作任务周清单制，综合分管部门各项工作实际，对每周工作任务进行分解，以简单明晰的条目形式细化工作内容，明确任务，将本周工作清单安排到各部门，进一步夯实责任，推动工作全面落实。

管理者要按清单执行督查考核。各部门负责人按拟定好的任务清单安排工作，定期或不定期进行现场督促指导，检查落实进展情况，对存在的问题应当面指出，确保工作落到实处。

管理者进行问题整改时应按清单销号。针对检查中发现的各类问题，管理者要一抓到底，明确整改时限和责任人，列出整改清单，销号处理。

清单式管理有助于营造"比学赶超"的氛围，推进各项工作落实，进一步增强各部门管理人员的责任意识、担当意识。

8.4

持续跟踪：日管控，周通报，月考核

清单管理的核心不在于列清单这个形式，而在于持续跟踪的动作。管理者要每天跟踪工作进度，汇总项目总进度，最终达成项目目标。美国对冲基金桥水的创始人瑞·达利欧在《原则》一书中提出做事的五个步骤：

① 有明确的目标。

② 找到阻碍你实现这些目标的问题，并且不容忍问题。

③ 准确诊断问题，找到问题的根源。

④ 规划可以解决问题的方案。

⑤ 做一切必要的事来践行这些方案，实现成果。

达利欧在书中指出，以上五步中的每一步都源自一个人的价值观。价值观决定了一个人想要什么，也就是一个人的目标。普通人与成功人士间的差别在很大程度上源自价值观和习惯。

如果能将上述五个步骤内化为自己做事的方法和流程，并在实践中不断优化，那么你在人生中做出的每一个决策就有很大概率是正确的。

在实际的管理中，九戒使用了"日管控、周通报、月考核、季亮牌"的方法。

"日管控"，即一天一管控。我会每天在固定的时间开生产晨会，对前一工作日所有异常生产指标进行分析并找出原因，提出整改措施。

"周通报"，即一周一通报。我会根据在"日管控"中发现的问题，每周编发督查通报，通报给所有相关部门领导者，并抄送公司领导者，督促问题整改、工作落实。

"月考核"，即一月一考核。结合月度例会，我会每月对上月工作进行点评，对按时优质完成任务的员工给予肯定和表扬，对工作未落实、未完成任务的员工进行通报批评，在月度考核中予以体现，并要求限期整改。

"季亮牌"，即一季度一"亮牌"。我会对推而不进、督而不办、严重影响工作的部门给予"亮牌"。"亮牌"分四种类型：一是会议点名批评，"亮牌"警告，限期整改，暂不将此纳入年终考核扣分依据；二是由公司考核办下发督查通报，限期整改，将此纳入年终考核扣分依据；三是发督查通报，部门（单位）主要负责人在公司大会上公开承诺，将此纳入年终考核扣分依据；四是年终考核评比降分等，如果是特别严重的情况，我会按照相关规定问责。

针对工作较多的情况，如果一次下发了多份通报，可能每一份通报的力度都会被削弱。九戒推荐的做法是在一周 7 天内每日下发不同的通报，保持具有压力感的工作节奏。

在实行"日管控、周通报、月考核、季亮牌"后，经过一段时间的磨合，管理体系就会适应这个节奏而保持有压力的状态，管理者方能有序推动工作。在实际的工作效果上，实行这一套管理方法后，整个能源供应公司的线路跳闸较之前有了大幅减少。供电所所长说，他这一个月清理的树障比前三年清理的都多，这也从侧面证明了这套管理方法的有效性。

8.5

冲突管理：如何应对不同分管领导者之间的业务冲突

思考题：除了安全生产和稳定，对不同业务线负责人的评价主要基于指标的考核和排名。以能源供应公司这类服务类企业为例，投诉指标是上级部门考核下级的非常重要的抓手。

有了投诉，员工就会被上级部门扣分，相应地公司内部也会对员工进行考核扣分，这关系到不同部门员工年底的工资总额。一个简单的例子就是，如果扣分较多，排名靠后，工资会不升反降，最大幅度可能达到整体全年工资水平的 30%。也就是说，这关系到员工的切身利益。

目前对于市县级的能源供应公司，上级部门主要考核营销类投诉和运检类投诉。营销类投诉一般是人员责任问题引起的，相应的考核也较为严厉。运检类投诉大多是频繁停电引起的，相对于营销类投诉，其考核低一个等级。例如，一位供电所的员工，因为没有及时给申请装电表的用户装设电表而被用户投诉。这本来是一起营销类投诉，为避免扣分过多，营销部门将原本的营销类投诉改为运检类投诉。

从整个公司的角度来说，将营销类投诉改为运检类投诉，有助于整个公司运营指标的提升。企业负责人也承诺在公司内部还是按照营销类投诉进行考核，那么问题来了，如果你是生产部门的负责人，你该怎么做？

每个团队都是人的集合，有人的地方就会有利益纠葛，有了利益纠葛，自然会产生矛盾，这就是组织冲突。出现了冲突，管理者就必须想尽一切办法解决。这就是冲突管理。

冲突中沟通的有效性

开车的人可能都有这样的经验：当你感到非常急、想超车时，如果你没有任何示意，横冲直撞，基本上所有被超车的人都会不自觉地抵触，避免你超车；但是，如果你接近对方时打出双闪并和对方示意自己确实有急事，一般人都会主动让你超车。把这件简单的事情拆解一下，超车就是产生了冲突，在超车前向对方示意就是沟通。在工作中也是一样，如果你真的侵犯或损害了对方的利益，相比一声不响就侵犯对方的利益，如果你在侵犯之前诚恳地与对方沟通，你遇到的冲突和矛盾要少得多。

具体来说，处理冲突的方法多种多样，例如提出一个更高的目标，拓宽资源，回避、缓和、折中、权威命令等。

处理冲突的艺术

第一，先从自身找原因。冲突的原因常常是多方面的，俗话说"一个巴掌拍不响"。也就是说，其中可能既有自身的原因，也有对方的原因。但想要化解冲突，一般要先从自己身上找原因，这也是一个态度问题。这里"责己"既是"责人"的前提，又是"责人"的策略。大多数人还是讲道理的，一看你的态度很好，对方也会从他那一方面找原因。在职场上，做到了这一点，同级之间80%的矛盾可以被顺利化解。有句老话叫"大事讲原则，小事讲风格"，实践证明，这是管理者在行使权力过程中处理同级关系的有效艺术。

第二，注意"回避"和"等待"。众所周知，社会生活是复杂的，同级之间工作上的分歧有时也会形成个人之间的思想隔膜。很多时候，人在气头上，争执起来容易越说越上火。所以，面对冲突，最好的应对是先冷处理，让双方都冷静一下。在双方消火后，双方再心平气和地处理事情。从这个角度来说，"回避"与"等待"是处理同级关系的一种非常好的方法。

第三，以己之长补他人之短。在一个领导者班子中，分管领导者之间如果能在工作上以长补短，自然能形成一个团结互助的领导者集体。

第四，分工不分家，相互配合。一般来说，不同的分管领导者之间都有明确的分工。但很多时候，有些问题并不是一个领域的领导者能解决的，需要多个分管领导者相互配合才能解决。所以，分工不能分家，协同才能更高效。

我们来回答本节开头的问题。第一，领导者要坚决表明自己的态度，也要听从企业一把手的安排。表明态度是领导者应尽之责，否则就会被认为可有可无，在班子成员中只会越来越弱势。

第二，领导者要策略性地与上级主管部门沟通，通过垂直管理的上级部门对相关部门进行压力传递，避免其他部门将此方法作为习惯性的操作方式。这里需要提醒的是，要把握好越级沟通跟合理汇报之间的微妙区别。领导者要找准定位、不越位，合理向上级垂直管理部门争取支持，实事求是地争取所在团队的利益。这样才能对团队有所交代，否则整个团队都会认为自己跟随的领导者是一个无作为的角色，不值得跟随。

8.6

安全管理：关键在于抓好关键岗位的关键人员

领导者可以通过抓关键岗位的关键人员来进行安全生产管理。

讲一个大家耳熟能详的例子——丰田汽车公司生产线的故事。丰田汽车公司的工人可以因为自己一个螺丝没拧好而让整条生产线暂停，让所有工人站在那里等着他重新拧好。丰田公司的负责人说，生产线的每一次拉停，都会给公司造成非常大的损失。但丰田认为，与这些损失相比，企业更应该给予员工充分的信任。基于这个理由，每个员工都有权随时拉停生产线，只要他们认为有必要。

因此，公司应该给予员工更多信任。另外，更重要的是，掌控感会给人带来归属感和责任感。为了让安全监督体系中的反违章人真正发挥作用，我们赋予了他们无条件停工的权利，发现任何违章，反违章人都可以在任何时候令整个工地停工。

在工作实践中，管理者可以通过抓好四个关键来确保安全。

第一，要抓好关键时间节点的安全。这里所说的关键时间节点既包括节假日也包括一些春秋检修、交接班的时间。例如在班前会上及时发现和了解存在的安全问题，掌握安全生产动态，制定切实可行的安全生产措施，把事故消灭在萌芽中。

第二，要抓好关键部位的安全。这里说的关键部位既包括容易触电和容易发生倒杆造成群死群伤事故的地方，也包括鱼塘、沟坝附近等容易发生触电伤亡的地方。这些关键部位，必须时刻处于在控的状态。管理者要建立健全重大危险源管理制度，制订演练计划，做到每年至少演练一次，并根据演练情况，不断修订和完善应急预案。

第三，要抓好关键作业的安全。这里的关键作业，不仅包括特种作业、检修作业、登高作业以及多班组交叉作业等，还包括一些特殊环境和气候下的作业。在这些关键作业中，管理者要落实安全措施及责任，细化过程管理，完善安全确认制度。

第四，抓好关键人员的安全。这里所说的关键人员不仅仅指在关键岗位上的工作人员，比如安全专责人、计划专责人、反违章专责人、工作负责人、工作许可人，还包括一些安全意识差、安全技能差、安全素质低的人员。管理者要对上述关键人员开展重点培训，重点监管。

管理者要明确关键岗位上关键人员的职责范围，有条件的话，主要领导者要与关键岗位人员逐一谈话，在思想上达成一致。这样双方才能在行动上向同一目标迈进，共同维护好安全局面。

管理者在工作中要不断强化对关键时间、关键部位、关键作业、关键人员的监控力度，尤其要针对多专业工种交叉作业的复杂安全状况，充分发挥施工现场反违章专责人的作用，及时发现安全生产的薄弱环节。只有赋予了权力才能让其履行相应的义务。我们对反违章人赋予了无条件停工的权利，相应地，现场有任何违章，在现场监督的反违章人也要承担全部责任。同时，我们也在奖惩层面做了相应的工作，反违章人是自身工作之外另外被赋予的一种身份，和工作负责人、工作许可人不同。除了自身的本职工作，反违章人还要在施工期间与施工人员同进同出，还需要参与施工前的现场勘察。客观地说，这些要求增加了反违章人的工作量。为此，我们规定反违章人工作一次，就奖励一次。同时在工作期间，我们会通过视频督察，对反违章人的履职情况进行评价，如果发现违章现象会加倍处罚。上述措施使九戒所在的公司违章数量较以前大幅度减少，起到了预期的效果。

管理者抓住了关键岗位的关键人员，就能有效调动员工的安全意识，就能加强风险防范，健全风险管控体系，夯实安全基础工作，提升管理水平。

8.7

开展主题活动：通过主题活动抓出工作成效

作为管理者，你会发现自己布置的工作会层层缩减，到了最基层，有可能基层员工连你发的通知都未看到，更不用说能否认真看完。所以在布置任务的时候一定不要长篇大论，能用表格表达的一定不要用文字，能用图表达的就不要用表格。你最好能够总结出朗朗上口的口诀。比如说可以总结成"防跳闸，清树障"专项活动。值得注意的是，每个阶段尽量只搞一个活动，这个活动要简单，要在你能利用的各个新旧媒体上充分造势，让每一个参加此项工作的人真正参与这项活动。更为重要的是必须要有检查。此处的检查意味着考核，而且要有奖有罚，要公开。

把握"三个重点"提升主题活动成效

一是把握典型引领，增强活动效果。每次主题活动都必须设定一个主题，而且这个主题不能复杂，要简单。

活动组织者要围绕一个明确的主题充分发挥所能利用的新旧媒体的作用，例如，将评选"先进职工""技术能手""电力好声音：劳动者之歌"等先进人物事迹编辑成微视频，通过手机报、公司内网等途径发布，面向身边职工开展小型多样的任务宣讲，讲岗位成长经历、分享工作经验等，提升干部职工干事创业积极性、主动性。

二是把握安全规律，增强教育效果。

活动组织者可以将近年来全公司范围内发生的安全、质量、标准、管理等方面具有典型性、警示性、启发性的正反面案例编辑成册，通过公司安委会、部门安全分析会和班组安全会等形式，组织干部职工围绕案例，结合岗位实际，认真反思在工作中的不足和差距，从日常工作中"目前做得怎么样""差距到底在哪里""今后应该怎么做"三方面展开讨论。在此基础上，形成书面讨论材料，并进行交流，引导干部职工遵守职业操守，落实作业标准，提高管理能力和岗位工作质量，以实际行动投入主题活动。

三是把握标准执行，增强教育效果。

充分借力党政工团组织，分工合作，齐心协力，立足基础，以"岗位履责说明书"和各项管理质量标准为准绳，通过分系统、分层次组织学习，通过组织岗位建功，强化标准在所有岗位的渗透与延伸，为主题教育活动深入开展注入强大源动力，切实提升干部职工立足岗位"知标准、保安全、提质量、增效益"的工作能力。

如何开展主题活动

活动组织者要加强组织领导，配齐相关人员；要认真落实第一责任人职责，认真抓好主题教育；要将主题活动摆在重要议事日程上，结合各部门实际，制定领导者小组及具体工作方案。

活动组织者要对标补短，学习先进典型、先进事迹，指导工作实践，要狠抓实际行动；在具体的工作中，要敢于担当，要勇于负责，做好表率。

　　活动组织者要坚持以问题为导向，狠抓落实整改，查找问题短板，深化学习教育，深入调查研究，全面审视问题，切实解决好基层单位存在的突出问题和群众反映强烈的热点难点问题。

　　活动组织者要坚持两手抓、两促进，以活动来检验工作成效；要把开展主题教育同落实党委部署、改革发展稳定各项任务结合起来，同单位业务工作结合起来，使主题教育每项措施都紧贴中心工作、服务大局。

8.8

南风法则：如何充分发挥年轻大学生的力量

　　选择题：朱九戒在工作中发现自己分管部门的一个年轻专责工作状态不符合自己的设想，于是经过多方交涉，从其他部门换了一个年轻人过来。朱九戒也对这个年轻人做过了解，知道他吃苦耐劳，工作也比较认真、负责。同时朱九戒也和他进行过交流，他也愿意从业务支持部门来到生产部门。岗位调整两个月后，朱九戒找这个年轻人谈话，年轻人犹豫了半天，说："新岗位的工作强度太大，部门上司布置的任务每天都干不完，每天都堆积，基本上每天都是很晚下班。"他说自己接受不了这样的工作。如果你是朱九戒，你会对这个年轻人说什么？

A. 青春就是用来奋斗的，现在不吃苦，以后想要这样的机会都没有了。

B. 如果真的是布置的工作每天都干不完，可以策略性地和主任交流一下，每天晚上 10:00 左右的时候，可以把自己工作的成果向主任通过微信汇报一下，听一下他的建议，这样也避免了自己做的和主任布置的不一样而返工。

C. 和这位年轻人聊一聊自己曾经长期加班的事，首先让他认识到，在一些工作阶段可能确实需要付出大量的时间和努力，这也是成长的必经之路。

D. 拍拍这位年轻人的肩膀，对他说："正是因为你的上级看重你，觉得你是可塑之才，才布置更多的任务给你。这是挑战，更是机会，在痛的同时，你要想方设法提高工作效率，这样才能提升自己。"

南风法则

法国作家拉封丹写过一则寓言。北风和南风比威力，看谁能让行人把身上的大衣脱掉。北风首先来了个寒风刺骨，结果行人把大衣裹得紧紧的。南风则徐徐吹动，顿时风和日丽，行人春意上身，纷纷解开纽扣，继而脱掉大衣，于是南风获得了胜利。

上面这个故事一般被称为南风法则，也有学者称之为温暖法则，它在管理中给人最大的启示就是"感人心者，莫先乎情"。管理者一定要特别注意讲究工作方法，对待员工要多一些感情；少说官话套话，真心实意地为下属着想，真真正正地解决他们工作和生活中的实际困难。

在企业中，新入职的大学生是企业的新鲜血液，如何对这些大学生进行科学的管理和培训，让他们留下来并发挥作用，是企业管理者要深入思考的问题。此处就可以充分利用前面所说的南风法则，让大学生感受到企业的温暖。

第一，管理者要营造家的文化氛围——多关怀。管理者想要牢牢抓住人才，首先必须了解他们在工作和生活中遇到的困难。刚参加工作的大学生面对的问题多是成家与立业。毕竟走上工作岗位之后就需要考虑成家，成了家才会安心工作，发挥才能，为企业做事。而成家就要面对比如购房的经济压力等多种压力。所以要使得大学生乐于和企业共同发展，管理者首先应该让大学生愿意待在这个企业，比如制定合理的薪酬晋升和职位晋升体系，让他们能看到提高待遇的希望。这样大学生才能心甘情愿、发自内心地自愿与企业共同发展。

第二，管理者要帮助大学生员工开展职业规划。为了让大学生更科学地制定自己的职业定向及规划，管理者可以通过指定职业导师为大学生出谋划策。对于职业导师，可以在工作 5 年以上的大学生中选择，让职业导师与新入职大学生 1 对 1 结对，年龄相近的人会有更多的共同语言，让职业导师与新入职的大学生在交流中为其量身定做职业规划。

第三，管理者要加强新人培训。管理者可以在传统的师父带徒弟的基础上，创新对新入职大学生的培养培训模式，即指定一个老师父对新入职的大学生进行"点对点""面对面"的工作技能指导，同时也要将培养方式责任化、制度化，并对培养结果实行考核制度。

第四，管理者要多组织开展活动，增强新老员工间的活动和交流。管理者可以结合工会、团委，通过开展新员工座谈会以及员工联谊会等多种形式增强新老员工之间的活动和交流。

另外，管理者在对年轻大学生的培养和任用中要有魄力，不能瞻前顾后。简单地说，管理者要相信大学生们能把事情做好，同时也要接受他们出现的一些错误，要把这些错误视为培养年轻大学生的必要成本。

我们来回答本节开头的问题。不给勺子只给鸡汤是不负责任的，A 选项、C 选项和D 选项都可归为此类，B 选项未必是最佳答案，但给出了一个可以操作的方法。

不是最后的最后：从管理者到领导者

我们一般所说的"管理"是建立在授权基础上的，是上级赋予的权力，但真正想要团队"如臂使指"，管理者必须成长为领导者。领导者的权力不再需要被授权，他拥有影响追随者的能力。一个人可以既是管理者也是领导者，然而并不是所有的管理者都能成为领导者。

硅谷有一位传奇人物，名字是比尔·坎贝尔，被称为亿万美元教练。2016年，大约有1000人参加了比尔·坎贝尔的葬礼，其中包括众多知名企业创始人。这些大佬聚在一起，是为了送他们共同的好朋友和教练最后一程。Google的两位创始人塞尔吉·布林和拉里·佩奇以及Google执行董事长埃里克·施密特都认为，如果没有比尔·坎贝尔，就没有今天的Google。

坎贝尔认为，管理者要为大家提供成功所需的工具、信息、培训和指导，要不断地努力培养员工的技能。优秀的管理者能帮助员工实现卓越和成长，要理解员工各自不同的职业目标，并理解每个员工的人生选择。它意味着，优秀的管理者要帮助员工实现个人职业目标与公司需求的高度统一。

从这个角度来说，作为领导者，你的一项非常重要的任务就是做好绩效管理教练，把你手下的部门主任培养成具备管理多部门能力的人，同时也把你手下的部门主任培养成合格的领导者。

想要成为领导者，你就要通过公平公正来赢得下属的信任。

领导者在下属做出业绩时要能充分肯定下属的成绩。同时，领导者应该有充足的自信和理智，不需要搞所谓的职场人际关系。因为，团队的成功就是领导者的成功。

在自己动手写一本非技术类图书之前，朱九戒对一些职场书籍是嗤之以鼻的。单位免费发放了一些与职场有关的图书，九戒看看标题就束之高阁。

这个世界的有趣之处在于，明明是同样的东西，当你换一个视角去观察时，你会发现很多以前从未发现的东西，你会惊奇得好像这些东西从未存在一样。生活是这样，职场更是如此。在职场浑浑噩噩的十余年中，朱九戒就像踩着溜冰鞋，无论职场规划，还是生活规划，都是滑到哪儿算哪儿。九戒可能只是做到了不犯同样的错误，也能够从自身的错误中吸取少许的经验和教训。但这对于想在职场上走得更远、在生活上走得更远的人来说，还远远不够。

很多在职场和生活中遭遇到无数烦恼的人，比如朱九戒，其问题在于：从未认真地把职场规划以及职场中的人际交往作为一门学问来研究、来总结、来提升。只有真正意识到这是一门有内涵的学问，以谦卑的心态去总结自身的一些经验教训，吸取其他人的经验教训，人们才能在职场和生活的路上加速前进。

九戒曾经参加所在企业省级公司外事秘书岗位的竞聘。经过第 1 轮笔试、第 2 轮英文笔试、第 3 轮英文面试，九戒进入了最后一轮的领导者见面环节。报名竞聘这个岗位的人数上百，经过前三轮的筛选只留下了 10 个人，男女比例是 1：9。没错，我就是那个 1。

看着夸张的比例配置，九戒自作聪明地认为，这个岗位可能真的要选一名女性，我只是做一个陪衬。最后面试的规格非常非常高，是省级公司的一把手来面试，当面试官问："如果你和外宾有一些轻微的冲突，会怎么做？"他问完这句话时，九戒的脑海中就蹦出了曾经看的一则新闻，说的是因为某外宾要求整列火车停下来，其他来宾只能临时下火车抄近路去赶飞机。鬼使神差地，九戒把这个案例说了出来，并表示如果竞聘上这个岗位，在为外宾服务的过程中一定会刚正不阿，维护我们的尊严。你可以想象出，作为竞聘外事秘书岗位的服务人员，以这样的方式回答这个问题，面试官的脸色有多么"精彩"。然后，就没有然后了。

很多人会说，朱九戒犯了这么多错误，走了这么多弯路，依旧成了数百人团队的领导者，所以说在职场的头几年放飞自我也没什么大不了。如果有这种想法就大错特错了。很明显，如果把这些错误给抹去，那么朱九戒可能在职场之路上走得更快、更顺利。也就是说，如果你犯了这些错误，就要付出更多的努力才能得到相应的位置。

为什么看过这么多道理，听了这么多人生哲学，却依然过不好这一生？

其中一个原因就在于讲述者向你展示的例子都是特定的样本，他所归纳的方法可以轻松地完美拟合这些样本，但是这些方法未必对你将会面临的新问题同样奏效。人一生都在学习，都在通过观察有限的例子来找出问题的答案和蕴含其中的规律。所以，对人而言，最最重要的是实践！

有句话叫作：普通人从自身的错误中吸取经验，而智者从他人的错误中吸取经验。能耐心读到这里的所有读者都一定是后面一类人，一定会比朱九戒犯更少的错误，你们定能在职场的道路上越走越宽，越走越远。

[1] 达利欧.原则［M］.刘波，綦相，译.北京：中信出版社，2017.

[2] 李可.杜拉拉升职记［M］.西安：陕西师范大学出版社，2007.

[3] 葛文德.清单革命［M］.王佳艺，译.杭州：浙江人民出版社，2012.

[4] HALVORSON. Succeed：How We Can Reach Our Goals［M］. London：Hudson Street Press，2010.

[5] 德韦克.终身成长［M］.楚祎楠，译.北京：江西人民出版社，2017.

[6] 塔勒布.黑天鹅［M］.万丹，刘宁，译.北京：中信出版社，2011.

[7] WAINER. The Most Dangerous Profession: A Note on Nonsampling Error［J］. Psychological Methods，1999，4（3）：250-256.

[8] 孙惟微.怪诞行为心理学［M］.北京：中国华侨出版社，2013.

[9] 脱不花.让人看出强势你就输了［J］.才智：智慧版，2015（2）：1.

[10] 影响世界的100条管理定律——沟通是管理的浓缩［J］.化工管理，2009（5）：93-96.

[11] 管理者必知的经典：说服的科学［J］.北方牧业，2016（1）：32.

[12] 刘志海.霍桑效应：额外关注会提升员工绩效［J］.中国建材，2007（4）：57.

[13] 金梦.从《孙子兵法》看中国传统文化中的人本思想［J］.科教文汇（下旬刊），2007（12）：203+207.

[14] 王秉.安全人性假设下的管理路径选择分析［J］.企业管理，2015（6）：119-122.

[15] 不可不知的心理效应［J］.新科幻（科学阅读版），2012（11）：26-27.

[16] 王红光，王大江，逻辑学教学点滴［J］.中国科技创新导刊，2008（17）：116.

[17] 丁学东.奖励真的有激励作用？［J］.内蒙古教育，2018（1）：71-72.

[18] 胡忠英.寓繁于简的管理法则［J］.创新科技，2004（1）：24.